课程群·新读本系列丛书

朗诵与演讲

顾问　钱梦龙
主编　须立新
编委　须立新　戴　臻　杨月琴
　　　吕卫民　窦爱军

东南大学出版社
SOUTHEAST UNIVERSITY PRESS

·南京·

图书在版编目(CIP)数据

朗诵与演讲/须立新主编. ——南京:东南大学出版社,2013.6(2024.2重印)

ISBN 978-7-5641-4345-9

Ⅰ.①朗… Ⅱ.①须… Ⅲ.①朗诵学②演讲—语言艺术 Ⅳ.①H019

中国版本图书馆 CIP 数据核字(2013)第 136610 号

朗诵与演讲

出版发行	东南大学出版社
出 版 人	江建中
社　　址	南京市四牌楼 2 号(邮编:210096)
网　　址	http://www.seupress.com
责任编辑	孙松茜(E-mail:ssq19972002@aliyun.com)
经　　销	全国各地新华书店
印　　刷	广东虎彩云印刷有限公司
开　　本	880mm×1 230mm　1/32
印　　张	7
字　　数	198 千字
版　　次	2013 年 6 月第 1 版
印　　次	2024 年 2 月第 6 次印刷
书　　号	ISBN 978-7-5641-4345-9
定　　价	36.80 元

(本社图书若有印装质量问题,请直接与营销部联系。电话:025-83791830)

序

李松林

如何整合校内外优质课程资源开发校本课程教材，拓展学生的语言学习渠道，提升学生的语言能力和综合素养，是很多学校，尤其是以语言课程见长的学校在谋求特色发展实践中所面临的一个现实问题。

目前的中小学校都在追求学校的自主发展和特色发展，其中一个重要的途径就是校本课程开发。这就需要学校做好三个基本的工作：一是清理"地基"，即诊断学校的历史积淀、文化传统和发展基础。二是"顶层"设计，即凝练出学校鲜明而独特的办学理念、教育理想和总体发展框架。三是"课程"开发，即根据学校的"地基"和"顶层"形成学校独特的课程与教学模式。在这些方面，桃李园实验学校延续学校多年以来的语言学科优势，对语言类学科的校本课程教材建设做了很多有益的探索，形成了语言类学科的系列校本教材。

事物的性质决定了事物的规律和方法。同样，语言类学科的课程与教学实践必须回到语言本身的性质这一原点上去思考。桃李园实验学校根据语言的系统性、文化性、社会性、交际性、生成性、有限性等特性，着眼于学生语言学科核心能力和综合素养的发展，创造性地提出和实践了"1＋X"语言学科校本课程群的建设构想。其中,"1"指国家基础课程,"X"指在国家基础课程之上开发的拓展课程、融合课程和活动课程。以此为基础,学校以语文学科为核心开发出了由魅力文字、生活作文、经典诵读、演讲与论辩、绘本阅读等构成的课程群,以英语学科为核心开发出了由原声剧场、西方习俗、单词巧记、趣味英语、口语交际等构成的课程群。几年下来,学生的语文、英语学科综合素养和学科核心能力获得了明显的提升,在一定程度上兑现了学校的承诺——"让每个孩子拥有一片芬芳"。

学科、社会和学生是校本课程教材建设的三个基点。如何根据语文、英语学科的特性、当代社会的要求和学生发展的需要,进一步完善语言类校本课程群在横向上的内容框架和纵向上的层次序列,还需要学校付出不少的努力。

我们期待这套校本教材尽早与读者见面!

朗诵技巧

第一节　声韵之美 ……………………………………………（3）
第二节　创造之美 ……………………………………………（5）
第三节　朗诵技巧 ……………………………………………（8）
第四节　诵读之别 ……………………………………………（48）
第五节　朗诵风格 ……………………………………………（50）
第六节　实战技巧 ……………………………………………（58）
第七节　基本功训练 …………………………………………（73）
第八节　嗓音保护技巧 ………………………………………（83）
第九节　朗诵训练作品 ………………………………………（86）

演讲技巧

演讲技巧之准备篇 ……………………………………………（101）
　了解：信息直指听众的心 …………………………………（102）
　年龄：不能说爸爸老了 ……………………………………（105）
　场合：这个孩子是会死的 …………………………………（109）
　选题：非人性的行为 ………………………………………（112）
　提炼：汽车被窃风波 ………………………………………（116）

例子:图坦卡蒙陵墓之谜 …………………………………… (120)

  数据:100多条未接来电 …………………………………… (124)

  操练:德摩斯梯尼的阴阳头 ………………………………… (128)

演讲技巧之写稿篇 ……………………………………………… (133)

  扣题:纪念会上做广告 …………………………………… (134)

  观点:我最佩服谁 ………………………………………… (137)

  态度:16岁少女独自环球航海 …………………………… (141)

  立意:《赌》不是鼓励读书 ………………………………… (146)

  要点:求知若饥,虚心若愚 ………………………………… (150)

  短小:从今天起,动手写吧 ………………………………… (155)

  幽默:监狱的功能 ………………………………………… (158)

  故事:神秘的纸条 ………………………………………… (162)

  提问:西雅图酋长的演讲 ………………………………… (165)

  诗歌:森林王国的规律源远流长 ………………………… (169)

演讲技巧之语言篇 ……………………………………………… (173)

  通俗:检查团长 …………………………………………… (174)

  朴实:让他三尺又何妨 …………………………………… (178)

  生动:拔去狼的牙齿 ……………………………………… (182)

  比喻:灵魂如椰肉般洁白 ………………………………… (187)

  反复:娜拉走后怎样 ……………………………………… (191)

  双关:打着灯笼找我 ……………………………………… (195)

  对比:一心以为有鸿鹄将至 ……………………………… (198)

  新解:卖糕的,卖切糕的 ………………………………… (202)

  反讽:实在标致极了 ……………………………………… (206)

  灵活:你写的糟透了 ……………………………………… (211)

后　　记 ………………………………………………………… (214)

朗诵技巧

- 第一节　声韵之美
- 第二节　创造之美
- 第三节　朗诵技巧
- 第四节　诵读之别
- 第五节　朗诵风格
- 第六节　实战技巧
- 第七节　基本功训练
- 第八节　嗓音保护技巧
- 第九节　朗诵训练作品

朗诵作为一门口耳艺术,在中国有着悠久的历史。《孟子》中就有"诵其诗,读其书"的说法。不过,古代的朗诵叫"吟诵"或者"吟咏",当时文人墨客聚在一起,边饮酒品茶,边吟诗作赋,应该是最早的吟诵集会。今天,朗诵已经成为中学生学习语言、文学和艺术的一门重要课程。

叶圣陶先生在《精读指导举隅》中指出:"不该只用心和眼来学习;须在心和眼之外,加用口和耳才好。吟诵就是心、眼、口、耳并用的一种学习方法。"

第一节　声韵之美

朗诵是欣赏文学作品的一门艺术形式。朗,指声音的清晰而响亮;诵,指抑扬顿挫地念。朗诵可以提高阅读能力,增强艺术鉴赏,也可以陶冶情操,开阔胸襟。将文学的各种样式通过声音来传递,其声与情、声与景、声与义完美融合,再现美的意境、美的情感、美的心灵,是一种声韵之美、艺术之美。

品读下面这首小诗,体会声韵之美。

断　章

卞之琳

你站在桥上看风景
看风景的人在楼上看你
明月装饰了你的窗子
你装饰了别人的梦

品味特点

◆ 声音美

朗诵是"读"的艺术,具有声韵性、节奏性、传播性,它不是简单地把文字念出声来,而是一门讲究吐字归音、声响,感情,语调、语势的综合艺术。诵读可以规范字、词、句、声母、韵母、声调以及轻声儿化等语音问题。俗话说"三分文章七分读",朗诵就是把文字作品转化为有声语言的一种再创作艺术活动。

✧再现美

朗诵者诵读作品,是对作品的再创造,是以艺术手法再现,却不可违背作者的本意任意发挥。朗诵者需要调动自己的真情实感,把无声的文字变成有声的作品,这一过程就是对美的再创造。

✧共鸣美

朗诵是一种与听众交流的艺术行为,朗诵者须对所描述的情景、故事、场景、人物形象等仔细揣摩,通过声音将自己的感受传递给听众,以期引起听众对作品的审美共鸣。

品读下面的小诗,体会上述特点。

纸船——寄母亲

我从不肯妄弃了一张纸,
总是留着——留着,
叠成一只一只很小的船儿,
从舟上抛下在海里。
有的被天风吹卷到舟中的窗里,
有的被海浪打湿,沾在船头上。
我仍是不灰心的每天的叠着,
总希望有一只能流到我要它到的地方去。
母亲,倘若你梦中看见一只很小的白船儿,
不要惊讶它无端入梦。
这是你至爱的女儿含着泪叠的,
万水千山,求它载着她的爱和悲哀归去。

——冰心

第二节 创造之美

叶圣陶就语文学习曾经说过:"吟诵的时候,对于讨究所得的不仅理智地了解,而且亲切地体会,不知不觉之间,内容与理法化而为读者自己的东西了,这是最可贵的一种境界。学习语文学科,必须达到这种境界,才会终生受用不尽。"

◈ 情操美

文学作品,一般主题鲜明,节奏明快,情调高雅,有比较浓郁的感染力。朗诵者会自然地被作品所感染,留下深刻的印象。朗诵的过程是有声阅读的过程,由眼入口,由口入耳,由耳入心,久而久之,潜移默化,既开阔眼界,又陶冶情操,还能培养审美情趣。

◈ 感悟美

朗诵可以把书面无法表达的内在感情外化。诵读过程中,依据文章情感的变化,以轻重缓急、抑扬顿挫的语气、语态来补充文字上的不足。朗诵者在声情并茂中,会提升对作品的理解力和感受力,提高阅读的兴趣和水平;此外,还可以大量积累词汇,把握词义,理解句子和段落,学习由句成段,由段成篇的布局手法。

◈ 想象美

活灵活现,惟妙惟肖的诵读能让作品中的人、事、物、景一一浮现在眼前。在角色扮演中,朗诵者和听者可以与文中的情节、人物合为一体。如读小说,可以对人物的身份、年龄、职业、性格、语言特点等进行模拟,使简单的文字连缀成一幅幅生动的画面和扣人心弦的故事情节,极大地丰富我们的想象能力。

品味(英)艾伦·亚历山大·米尔恩的《窗前》,谈谈自己的体会。

我的两个小雨点,
等在玻璃上面。

我在等着看它们,
哪个赛跑得冠军。

两个雨点俩名字,
一个叫约翰,一个叫詹姆斯。

詹姆斯先开了步,
我的心里望它输。

约翰怎么还在等?
我的心里望它赢。

詹姆斯跑的渐渐慢,
约翰像是阻拦。

约翰终于跑起来,
詹姆斯的步子又加快。

约翰冲下窗子一溜烟,
詹姆斯的速度又在减。

詹姆斯它碰到一点灰,
约翰在后面紧紧追。

约翰能不能追上?
(詹姆斯可给灰把路挡。)

约翰一下追过它。
(詹姆斯跟苍蝇在拉呱。)

约翰到了,第一名!
瞧吧,窗上太阳亮晶晶!

——《窗前》[英]艾伦·亚历山大·米尔恩

课外链接

　　有一次,赵忠祥出席荷花节文化论坛,朗诵杨慎的《临江仙·滚滚长江东逝水》:"滚滚长江东逝水,浪花淘尽英雄。是非成败转头空。青山依旧在,几度夕阳红。"当赵忠祥诵读到"白发渔樵江渚上,惯看秋月春风"时,下面却有人小声议论道:"错了,把渚(zhǔ)念成了dǔ。"赵忠祥也意识到自己的失误,再次重新朗诵一遍,精彩的朗诵引来热烈的掌声。

——选自网络《争鸣辩论》

第三节　朗诵技巧

> 技巧的运用有两个阶段：其一是学习阶段——"刻意雕琢"阶段；其二是熟练阶段——"回归自然"阶段。不经历"刻意雕琢"就不能"回归自然"。
>
> ——张颂

朗诵是一门语言艺术，朗诵者需要在一种积极的状态下，以优美的声音、清晰而富于情感的语言，将理解到的文字意义，运用手势、眼神、表情、体态等方法，生动形象地来表达意境。这一过程是对作品的再创造和艺术加工，融情于声，融情于音，融情于体态等等，以此带给听众艺术上的享受。

朗诵的表达技巧，需要经过一定的训练，才能够很好地表情达意，起到感染作用。因此，朗诵特别讲究停顿、轻重、节奏、语势、语气等技巧的运用。

停顿技巧

停顿是指朗诵过程中，声音暂时的间歇、休止和中断。词语之间有停顿，句之间有停顿，段落层次之间有停顿。如"下雨天留客天天留我不留"的例子。不停顿就不行，不同的标点符号，不同的停顿，意思

就会有很大的区别。停顿有多种需要,如:

◎ **生理需要**

在朗读过程中朗读者需要不时地自然呼吸和换气,以保证有充足的"气源"发声。

◎ **内容需要**

合理的停顿使文章的主题鲜明,语意明确,结构清晰,还可以增强文章的逻辑感和节奏感。

◎ **听众需要**

合理的停顿,有助于听众思考领会作品的内容。因为停顿的间隙创造了思考、消化和理解的空间。

停顿是一种积极的艺术处理行为。声音的自然或断或续是朗读者思想感情运动变化的表现,会达到此时无声胜有声的艺术效果。朗读停顿,一般分为语法停顿、逻辑停顿和心理停顿三种类型。

语法停顿

语法停顿是根据语句的语法结构所作的停顿。它由语意要求和语法结构所构成。这类停顿一般在主谓词组、限定词组之间,分句与分句之间、段落与段落之间也会产生停顿。停顿时长及停顿位置,一般以标点符号作为参考依据。

标点符号是文章的有机组成部分,每一个标点符号都有它存在的独特作用。一般来说,停顿时间由短到长的标点符号顺序是:顿号、逗号、分号、冒号、破折号、问号和省略号。

现就问号、感叹号、破折号、省略号举例如下:

◎ **问号的停顿**

问号表示疑问,需要对方回答或者需要听众思考,停顿的时间应该比句号长一些,以给人留下稍长的思考余地。

☞ 片段训练

　　当你在积雪初融的高原上走过,看见平坦的大地上傲然挺立这么一株或一排白杨树,难道你就只觉得它只是树?难道你就不想到它的朴质,严肃,坚强不屈,至少也象征了北方的农民?难道你竟一点也不联想到,在敌后的广大土地上,到处有坚强不屈,就像这白杨树一样傲然挺立的守卫他们家乡的哨兵?难道你又不更远一点想到这样枝枝叶叶靠紧团结,力求上进的白杨树,宛然象征了今天在华北平原纵横决荡,用血写出新中国历史的那种精神和意志?

——茅盾《白杨礼赞》节选

◎ 感叹号的停顿

　　感叹号是用来表达强烈的感情,停顿时间可长可短,朗读者根据感情的需要而定。

☞ 片段训练

　　他们之中有一个,左手拿着一个木柄榴弹,右手拉出榴弹中的引线,双脚拉开一步,作出要抛掷的姿势,用凶恶的眼光盯住我,威吓地吼道:

"赶快将钱拿出来,不然就是一炸弹,把你炸死去!"

"哼!你不要作出那难看的样子来吧!我确实一个铜板都没有存;想从我这里发洋财,是想错了。"我微笑淡淡地说。

"你骗谁!像你当大官的人会没有钱!"拿榴弹的兵士坚不相信。

"决不会没有钱的,一定是藏在哪里,我是老出门的,骗不得我。"另一个兵士一面说,一面弓着背重来一次将我的衣角裤裆过细地捏,总企望着有新的发现。

"你们要相信我的话,不要瞎忙吧!我不比你们国民党当官的,个个都有钱,我今天确实是一个铜板也没有,我们革命不是为着发财啦!"我再向他们解释。

——方志敏《清贫》节选

◎ 破折号停顿

破折号的停顿时间相对来说比较自由,其停顿的时间长短依据具体语境而定,因为破折号的种类比较多,不能一概而论。如果破折号是用来解释说明的,其作用类似于冒号提示下文,其停顿的时长也相当于冒号。请体会以下句子破折号的停顿,并说说停顿时长的理由。

☞ 片段训练

(1)"呜——呜——呜"穿裙子的小女孩大声哭起来。

(2)我们在天安门前深情地呼唤:周——总——理——

(3)"不要害怕提问。不要不敢向他人求助。——我每天都在这么做。求助并不是软弱的表现,恰恰相反,它说明你有勇气承认自己的不足,并愿意去学习新的知识。所以,有不懂时,就向大人们求助吧——找个你信得过的对象,例如父母、长辈、老师、教练或辅导员——让他们帮助你向目标前进。

你要记住,哪怕你表现不好、哪怕你失去信心、哪怕你觉得身边的人都已经放弃了你——永远不要自己放弃自己。因为当你放弃自己的时候,你也放弃了自己的国家。"

——奥巴马《在弗吉尼亚阿灵顿市的开学演讲》

◎ 省略号停顿

省略号一般表示惊奇、悲伤的哽咽、思绪的飘远以及病人微弱的叮咛和呻吟,这些句子都表现出语句的断断续续。其停顿可以稍长,朗读时依语境和语义而定。

☞ 片段训练

切尔维亚科夫咳嗽一声,身子探向前去,凑着将军的耳朵小声说:"务请大人原谅,我的唾沫星子溅着您了……我出于无心……"

"没什么,没什么……"

"看在上帝分上,请您原谅。要知道我……我不是有意的……"

"哎,请坐下吧!让人听嘛!"

切尔维亚科夫心慌意乱了,他傻笑一下,开始望着舞台。他看着演出,但已不再感到幸福。他开始惶惶不安起来。幕间休息时,他走到布里扎洛夫跟前,在他身边走来走去,终于克制住胆怯心情,嗫嚅道:"我溅着您了,大人……务请宽恕……要知道我……我不是有意的……"

"哎,够了!……我已经忘了,您怎么老提它呢!"将军说完,不耐烦地撇了撇下嘴唇。

——契诃夫《小公务员之死》节选

✧ 逻辑停顿

逻辑停顿是指为建立语言内在的联系,而有意在语流中形成的声音停歇。通常,逻辑停顿是为了突出某一事物,强调其特殊的含义,表现出词组、句子、段落之间的逻辑关系而进行的停顿。逻辑停顿一般不关涉语法停顿,也无明显的标记,需要读者根据表达的内容和语境要求决定停顿的时长。

◎ 强调性停顿

强调性停顿根据朗读者对文义的把握,灵活处理停顿的位置和时长。通过有效的停顿强化句子的核心意义,增强听众的感受,吸引听众的注意力。

☞ 片段训练

　　当你/在积雪初融的/高原上走过,看见平坦的大地上/傲然挺立这么一株/或一排白杨树,难道/你就只觉得它只是树?难道/你就不想到/它的朴质,严肃,坚强不屈,至少/也象征了北方的农民?难道/你竟一点也不联想到,在敌后的/广大土地上,到处有坚强不屈,就像这白杨树一样/傲然挺立的/守卫他们家乡的哨兵?难道/你又不更远一点想到,这样枝枝叶叶/靠紧团结,力求上进的白杨树,宛然象征了/今天在华北平原/纵横决荡,用血写出新中国历史的/那种精神和意志?

——茅盾《白杨礼赞》节选

◎ 感悟性停顿

　　感悟是人们对听读的文章的感想与体悟。这种感悟需要听众与自身的经历和感受相关联,有的是渐渐的领悟,有的是瞬间的开悟。在朗诵过程中,关键的字、词、句、段不能一带而过,需要给听者留下深刻思考、联想、回味的余地,这种停顿,我们称之为感悟性停顿。

☞ 片段训练

　　设计者和匠师们因地制宜,自出心裁,修建成功的园林当然各个不同。可是苏州各个园林在不同之中有个共同点,似乎设计者和匠师们一致追求的是:务必使游览者无论站在哪个点上,眼前总是一幅完美的图画。为了达到这个目的,他们讲究亭台轩榭的布局,讲究假山池沼的配合,讲究花草树木的映衬,讲究近景远景的层次。总之,一切都要为构成完美的图画而存在,决不容许有欠美伤美的败笔。他们惟愿游览者得到"如在图画中"的实感,而他们的成绩实现了他们的愿望,游览者来到园里,没有一个不心里想着口头说着"如在图画中"的。

——叶圣陶《苏州园林》节选

◎ **并列性停顿**

并列性停顿指几个句子中相应并列的词语间的对应停顿。对于结构相同、句式相同的句子,要读出错落感、交替感,力避重复带来的枯燥和平淡。

☞ 片段训练

这腰鼓,使冰冷的空气立即变得燥热了,使恬静的阳光立即变得飞溅了,使困倦的世界立即变得亢奋了。

使人想起:落日照大旗,马鸣风萧萧!

使人想起:千里的雷声万里的闪!

使人想起:晦暗了又明晰、明晰了又晦暗、尔后最终永远明晰了的大彻大悟!

容不得束缚,容不得羁绊,容不得闭塞。是挣脱了、冲破了、撞开了的那么一股劲!

好一个安塞腰鼓!

百十个腰鼓发出的沉重响声,碰撞在四野长着酸枣树的山崖上,山崖蓦然变成牛皮鼓面了,只听见隆隆,隆隆,隆隆。

百十个腰鼓发出的沉重响声,碰撞在遗落了一切冗杂的观众的心上,观众的心也蓦然变成牛皮鼓面了,也是隆隆,隆隆,隆隆。

隆隆隆隆的豪壮的抒情,隆隆隆隆的严峻的思索,隆隆隆隆的犁尖翻起的杂着草根的土浪,隆隆隆隆的阵痛的发生和排解……

好一个安塞腰鼓!

——刘成章《安塞腰鼓》节选

❖ 心理性停顿

心理性停顿是在朗读过程中引起的心理情感变化引起的停顿。这种停顿会引起听众的回忆、思考和联想。

☞ **片段训练**

当当当,钟声响了,毕业典礼就要开始。看外面的天,有点阴,我忽然想,爸爸会不会忽然从床上起来,给我送来花夹袄?我又想,爸爸的病几时才能好?妈妈今早的眼睛为什么红肿着?院里大盆的石榴和夹竹桃今年爸爸都没有给上麻渣,他为了叔叔给日本人害死,急得吐血了,到了五月节,石榴花没有开得那么红,那么大。如果秋天来了,爸爸还要买那样多的菊花,摆满在我们的院子里、廊檐下、客厅的花架上吗?

爸爸是多么喜欢花。

——林海音《爸爸的花儿落了》节选

小 花

我在书里发现一朵小花,
它早已干枯了,也不再芬芳,
因此,我的心里就充满了
许许多多奇异的遐想:
是哪一个春天,在哪一处
它盛开的?开了多长时间?
谁摘下的?是外人还是熟人?
为什么放在这书页中间?
可是为了纪念温柔的相会?
还是留作永别的珍情?

或者只是由于孤独的散步
在田野的幽寂里,在林荫?
是他还是她?还在世吗?
哪一个角落是他们的家?
啊,也许他们早已枯萎了,
一如这朵不知名的小花?

——[俄]普希金

重音技巧

诵读过程中,有些音节要轻读,有些音节要重读,这样才能形成生动的语气,突出文章的重点。如果将所有音节都读得一样重,不仅单调乏味,还很难把文章的内容传达清楚。

重音可分为词重音、短语重音和句子重音三类。多音节词里往往有一个音节读音比较重,这个音节就是词重音音节。词的轻重音格式与其音节数量和结构有关,双音节词多数为"中重"格式,如"马车""黄花""绿叶""皮鞋";少数为"重轻"格式,如"工人"。三音节词绝大多数为"中轻重"格式,如"华尔兹""麦克风""冰激凌";少数为"中重轻"格式,如"同志们";极少数为"重轻轻"格式,如"朋友们"。四音节词绝大多数为"中轻中重"格式,如"上海大学"。

重音的首要作用是体现作者的意图、态度和观点。重音处理得恰当与否,会影响语意的表达和思想情感的鲜明性。朗诵时,重音把握不准就无法表达准确的意思。

如:

天刚蒙蒙亮,东边渐渐露出了鱼肚白。

重音要放在"蒙蒙""东方"上,强调亮的程度和鱼肚白出现的方位。

重音的第二个作用是体现句子的节奏,轻重和句子的长短都会影响句子的节奏。因为重音由音强、音长决定。气流量大,用力,发音时间就长就重。反之则短。重音显得坚强、沉稳,常用来表达坚定、果断、豪迈、庄重的思想感情。

句子中重音的位置,由表达的目的和意图决定。目的和意图不同,重音位置也不一样。

以"我喜欢看电影"这句话为例:

我喜欢看电影(喜欢什么活动)

我喜欢看电影(喜欢看的是电影而不是戏剧什么的)

我喜欢看电影(回答"你喜不喜欢看电影")

我喜欢看电影(回答"谁喜欢看电影")

我喜欢看电影(喜欢的是看而不是听)

由此可见,同一句话,重音的位置不同,语意也不一样。当然,了解语句的相关背景,才能真正领会文章的内容,只有分清楚要表达的内容才可以找准重音位置。

重音的类型一般可分成三种:逻辑重音、语法重音、感情重音。

◇ 逻辑重音

为了突出句子的某个意义而把某个词语重读叫做逻辑重音。逻辑重音的位置根据逻辑思维而变,由朗读者的理解思维而定。在一个具体的句子中,究竟何处是逻辑重音,只有仔细阅读、品味和揣摩才能准确地掌握。

逻辑重音常用来表示强调、夸张、突出、并列、承认、确定、对偶等。

表示强调的:《喜洋洋与大灰狼》真是好看!

表示夸张的:飞流直下三千尺,疑是银河落九天。

表示突出的：哪儿也不如上海好哇！
表示并列的：这个句子写得真好，既形象又生动。
表示确定的：大家都说，这件事就是他干的！
表示对偶的：下笔千言，离题万里。
表示承认的：既然如此，我只好认输。

✧语法重音

语法重音是在排除句子的特殊思想感情的情况下，根据语法结构特点的重读。语法重音是有规律可循的。当然，句子的语法重音是相对而言的，也是相比较而存在的。

◎ **主谓句中谓语重读：**

太阳出来了，人却不能看见它。

◎ **如果再带了宾语，宾语重读：**

他有一个愿望。

月亮升起来了。

◎ **如果谓语和宾语等带上了修饰语，修饰语重读：**

他有一个美好的愿望。

月亮慢慢地升起来了。

语法重音属于自然重音。因为，按照人们说话的习惯自然地把某个词语说得重一些，不具有特别强调的意思，也不易分辨。

✧感情重音

感情重音是由朗读者的情绪激动而造成的重音，表示极度的喜怒哀乐之情。根据感情表达的需要，对语句中某些词或词组以感情色彩的强调，使自己心中蕴藏的激情"一吐为快"，这就是感情重音。

☞片段训练

这还只是野生动物一方面的事情罢了，还有滥伐森林呢，环境污染呢,它们都在不断使生态环境恶化,使野生动植物遭殃。这些年我跑过好些地方,到处都听到人们在倾诉:水的污染使鱼虾减少了,乱砍滥伐使山林面积缩小了,肆意行猎使禽兽锐减了……大自然已到处发出紧急警号。警号为谁而鸣?为你、我、他,为我们大家而鸣!为中国人而鸣!

——秦牧《大自然警号长鸣》节选

文中的"你、我、他"到复指的"我们大家",乃至于整体中的每一个"中国人",对大自然发出的警号要引起高度的重视,这些带有情感的指代词语要重读。

▶ 片段训练

在朝鲜的每一天,我都被一些事情感动着;我的思想感情的潮水,在放纵奔流着;它使我想把一切东西都告诉给我们祖国的朋友们。但我最急于告诉你们的,是我思想感情的一段重要经历,这就是:我越来越深刻地感觉到,谁是我们最可爱的人!

——魏巍《谁是最可爱的人》节选

文章表达"志愿军是最可爱的人"这一思想感情,朗读时要将重音放在加点的词语上。尤其是"谁""最""人"这几个词要特别强调,加重语气,表达出热爱之情。

课外链接

　　赵忠祥在给《动物世界》配画外音时,决定探索一种崭新的播音风格。在内容上,增加抒情的成分,让人们更多地感受到一种情调,一种诗情画意;声音上,以气息为主,以情带声,做到低、缓、松。一些观念陈腐、思想守旧的人对这种新的播音风格大肆攻击,他们中有人曾对赵忠祥说,你这是什么断句,什么逻辑重音,完全错了;更有甚者,竟然上纲上线,指责赵忠祥"败坏了整个一代的播音风气"。面对铺天盖地的指责与攻击,赵忠祥不争辩也不退缩,他坚持探索,沿着自己选择的路一走到底。事实证明,赵忠祥的选择是正确的。他摸索出的这种特色鲜明的播音风格,不仅让人们耳目一新,也令人们赏心悦耳。现在,他的这种播音风格已饮誉海内外,《动物世界》不仅成了他演播生涯的代表作,也是中央电视台备受观众欢迎与喜爱的一档名牌节目。

——选自网络《争鸣辩论》

❖ 重音变式

　　重音的表达是为了突出文章的中心和感情基调。重音的表达需要与节奏、语气相结合。因此,重音的表达方式绝不是静止、孤立、片面的一种语音现象,其必须联系句、段和篇的内容合理处理。

◎ 重音轻读式

　　重音的基本表达方式是增加音强,但有时由于感情表达的需要,还可以重音轻读。

☞ 片段训练

　　那溅着的水花,晶莹而多芒;远望去,像一朵朵小小的白梅,微雨似的纷纷落着。据说,这就是梅雨潭之所以得名了。但我觉得像杨花,格外确切些。轻风起来时,点点随风飘散,那更是杨花了。——这时偶然有几点送入我们温暖的怀里,便倏的钻了进去,再也寻它不着。

——朱自清《绿》节选

这里表现了梅雨潭的雨的轻盈和快捷,这时候,朗读时可以集中在一个"倏"字上,然而这个"倏"字不用重读的方式加以渲染,而是轻轻地读出来,这样反而更能符合梅雨潭雨的特点,使人的感受更真实。

◎ **音高渐变式**

在文中用声音变高或变低表现情感的变化。

☞ **片段训练**

这几天,大家晓得,在昆明出现了历史上最卑劣最无耻的事情!李先生究竟犯了什么罪,竟遭此毒手?他只不过用笔写写文章,用嘴说说话,而他所写的,所说的,都无非是一个没有失掉良心的中国人的话!大家都有一枝笔,有一张嘴,有什么理由拿出来讲啊!有事实拿出来说啊!(闻先生声音激动了)为什么要打要杀,而且又不敢光明正大的来打来杀,而偷偷摸摸的来暗杀!(鼓掌)这成什么话?(鼓掌)

——闻一多《最后一次演讲》节选

这段话开头的声音是低沉而凝重的:"这几天,大家晓得,在昆明出现了历史上最卑劣最无耻的事情!"接着以鄙夷的语气质疑:"李先生究竟犯了什么罪,竟遭此毒手?"接着是声音一次高过一次,到最后是暴风骤雨般地大声呵斥最卑劣最无耻的行径,声音一次高过一次。

☞ **片段训练**

总理啊,我们的好总理!你就在这里呵,就在这里!——在这里,在这里,在这里……

开头用次重音"总理"来强调情感;第二个"好总理"用提高音高的方法来表达,第三、四、五、六、七个重音都是"这里",用降低音高的方法来表达,到最后一个"这里",声音已降到几乎听不到的地步。

◎ **强强对比式**

这是重音的基本表达方式。

☞ 片段训练

  有的人
  把名字刻入石头,想"不朽";
  有的人
  情愿作野草,等着地下的火烧。
  有的人
  他活着别人就不能活;
  有的人
  他活着为了多数人更好的活。

——鲁迅《有的人》节选

这一组对比句中,"把名字刻入石头,想'不朽'","不朽"二字要重读,但带有轻蔑和否定的含义;"情愿作野草,等着地下的火烧","火烧"二字要重读,要有凝重感,要比"不朽"的读音重。"有的人,他活着别人就不能活;有的人,他活着为了多数人更好的活。"其中,"不能活"要重读,带有愤怒地读,"更好的活"要重读,声音还要高扬。

◎ **快中显慢式**

在朗读中根据情感需要,有时要将重音音节语流放缓,韵腹读音拖长、加强。

☞ 片段训练

  邻居们把她抬上车时,她还在大口大口地吐着鲜血。我没想到她已经病成那样。看着三轮车远去,也绝没有想到那竟是永远的诀别。

——史铁生《秋天的怀念》节选

这一段史铁生的眼看母亲吐血,朗读时语流要慢,但重音更要慢。单音节的重音主要延长韵腹,如"大"的韵腹"a"要延长。

朗诵这首诗的时候,那些有疑问的句子需要稍长一点的停顿,以表示思索。正是这些带有问号的句子,使朗读自然地形成起伏和抑扬的语调。而那些被强调的疑问词重读也就顺理成章。如"为什么""哪一个"等词语需要重读。

节奏技巧

朗诵者在理解作品的前提下,用抑扬顿挫的声调、轻重缓急的语速,演绎出作品的内涵就是朗诵的节奏。朗诵的节奏,不仅可以抓住听众的耳朵,也可以以韵律增强作品的感染力。节奏是在一系列的诸如叙述、对比、衬托、排比、反复、问诘中彰显出来的。抑扬顿挫、快慢适中、轻重缓急,随着情感的变化而变化。变化是节奏的生命,无变化则无起伏,无起伏则无情感的波澜。节奏的快慢强弱一定要根据作品的基调而定。

◎ 情境要求

情势紧急,场面急遽变化的,朗诵时稍快;场景平静、场面庄重,起烘托作用的自然景物的地方,朗诵要稍缓。

◎ 基调要求

表达焦虑、惊恐、愤怒、敏感、急切、欢快、激昂的情绪时,要快些;表达抑郁、回忆、思索、缅怀、忧伤、悲痛、沉重、苦恼、崇敬、爱慕的心情时,要慢些。

◎ **文体要求**

不同文体的不同内容,也会影响朗诵的节奏。一般说来,议论文的节奏一般较快,说明文的节奏一般较慢,而记叙文处于二者之间,当快则快,当慢则慢。

❂ **轻快型**

对于轻松愉悦的文字,朗诵者要保持轻快的心情,将文字轻松愉快的意境、情感、描写、叙述等要轻松愉快地读出来。

☞ **片段训练**

我看见一只啄木鸟,它衔着一颗大云杉球果飞着,身子显得很短(它那尾巴本来就生得短小)。它落在白桦树上,那儿有它剥云杉球果壳的作坊。它衔着云杉球果,顺着树干向下跳到了熟悉的地方。可是用来夹云杉球果的树枝叉处还有一颗吃空了的云杉球果没有扔掉,以致新衔来的那颗就没有地方可放了,而且它又无法把旧的扔掉,因为嘴并没闲着。

这时候,啄木鸟完全像人处在它的地位应该做的那样,把新的云杉球果夹在胸脯和树之间,用腾出来的嘴迅速地扔掉旧的,然后再把新的搬进作坊,操作了起来。

它是这么聪明,始终精神勃勃,活跃而能干。

——普里什文《它们多么美好·啄木鸟》

一条梭鱼落进我们安设的网里,吓呆了,一动也不动,像根树枝。一只青蛙蹲在它背上,贴得那么紧,连用小木棒去拨,半天也拨不下来。

梭鱼果然是灵活、有力、厉害的东西,可是只要停下来,青蛙就立刻爬了上去。因此,大概作恶的家伙是从来也不肯停手的。

——普里什文《梭鱼》

✧ 平稳型

对于那些内容比较严肃、场面比较庄重、怀旧、思念、苦恼、愤怒的文字,要以一种凝重的口吻朗读。语气凝重,声音相对比较低。如朗读都德的《最后一课》,安徒生的《卖火柴的小女孩》等。

☞ 片段训练

她又擦着了一根火柴。这一回,她坐在美丽的圣诞树下。这棵圣诞树,比她去年圣诞节透过富商家的玻璃门看到的还要大,还要美。翠绿的树枝上点着几千支明晃晃的蜡烛,许多幅美丽的彩色画片,跟挂在商店橱窗里的一个样,在向她眨眼睛。小女孩向画片伸出手去。这时候,火柴又灭了。只见圣诞树上的烛光越升越高,最后成了在天空中闪烁的星星。有一颗星星落下来了,在天空中划出了一道细长的红光。小女孩幻想中的圣诞树

"有一个什么人快要死了。"小女孩说。唯一疼她的奶奶活着的时候告诉过她:一颗星星落下来,就有一个灵魂要到上帝那儿去了。

她在墙上又擦着了一根火柴。这一回,火柴把周围全照亮了。奶奶出现在亮光里,是那么温和,那么慈爱。"奶奶!"小女孩叫起来,"啊!请把我带走吧!我知道,火柴一灭,您就会不见的,像那暖和的火炉,喷香的烤鹅,美丽的圣诞树一个样,就会不见的!"

——安徒生《卖火柴的小女孩》节选

✧ 舒缓型

舒缓的节奏比较适宜于游记、说明文和散文。这类作品带有欣赏、品味和介绍的特点。读的时候可以用平缓抒情的语调和悠闲的节奏。如朗读叶圣陶的《苏州园林》,魏学洢的《核舟记》,沈括的《活版》等。

片段训练

晋祠之美,在山美、树美、水美。

这里的山,巍巍的如一道屏障,长长的又如伸开的两臂,将这处秀丽的古迹拥在怀中。春日黄花满山,径幽而香远;秋来,草木郁郁,天高而水清,无论何时拾级登山,探古洞,访亭阁,都情悦神爽。古祠设在这绵绵的苍山中,恰如淑女半遮琵琶,娇羞迷人。

这里的树,以古老苍劲见长。有两棵老树,一曰周柏,一曰唐槐。那周柏,树干劲直,树皮皴裂,冠顶挑着几根青青的疏枝,偃卧于石阶旁,宛如老者说古;那唐槐,腰粗三围,苍枝屈虬,老干上却发出一簇簇柔条,绿叶如盖,微风拂动,一派鹤发童颜的仙人风度。其余水边殿外的松、柏、槐、柳,无不显出沧桑几经的风骨,人游其间,总有一种缅古思昔的肃然之情。也有造型奇特的,如圣母殿前的左扭柏,拔地而起,直冲云霄,它的树皮却一齐向左边拧去,一圈一圈,丝纹不乱,像地下旋起了一股烟,又似天上垂下了一根绳。其余有的偃如老妪负水,有的挺如壮士托天,不一而足。祠在古木的荫护下,显得分外幽静、典雅。

这里的水,多、清、静、柔。在园内信步,那里一泓深潭,这里一条小渠。桥下有河,亭中有井,路边有溪,石间有细流脉脉,如线如缕;林中有碧波闪闪,如锦如缎。这么多的水,又不知是从哪里冒出的,叮叮咚咚,只闻佩环齐鸣,却找不到一处泉眼,原来不是藏在殿下,就是隐于亭后。更可爱的是水清得让人叫绝。无论多深的渠、潭、井,只要光线好,游鱼、碎石,丝纹可见。而水势又不大,清清的波,将长长的草蔓拉成一缕缕的丝,铺在河底,挂在岸边,合着那些金鱼、青苔、玉栏倒影,织成了一条条的大飘带,穿亭绕榭,冉冉不绝。当年李白至此,曾赞叹道:"晋祠流水如碧玉,百尺清潭泻翠娥。"你沿着水去赏那亭台楼阁,时常会发出这样的自问:怕这几百间建筑都是在水上漂着的吧!

——梁衡《晋祠》节选

戊申日正是十二月的最后一天，五更时，我和朱孝纯坐在日观亭上，等着看日出。这时大风扬起的积雪扑面打来。日观亭东面从脚底往下一片云雾迷漫，依稀可见云中几十个小白点像"五木"骰子一样立在那里，都是远山。天边云彩上有一线奇异的颜色，一会儿又变成五颜六色。太阳升起来了，纯正的红色像朱砂一样，下面有红光晃动摇荡着托着它。有人说，那就是东海。回首观望日观峰以西的山峰，有的被日光照着，有的没有，紫红、淡白，各种深浅不同的颜色，又都像弯腰曲背的样子。日观亭西面有一座东岳大帝庙，又有一座碧霞元君庙。皇帝的行宫就在碧霞元君庙的东面，这天看见途中路两旁刻写的石碑，是从唐显庆年间以来的；那些更古老的石碑都磨灭不清了。至于偏僻不在路边的石碑，都没来得及去看。

　　山上石头多，泥土少。山石都呈青黑色，大多是平的、方形的，很少圆形的。杂树很少，多是松树，松树都生长在石头的缝隙里，树顶是平的。冰天雪地，没有瀑布溪水，也没有飞鸟走兽的声音和踪迹。日观峰附近几里以内没有什么树木，积雪厚得同人的膝盖一样平齐。

——姚鼐《登泰山记》

✿迅疾型

　　对于情感浓烈的句子和段落，朗读时要随着情感和句式的变化快捷迅猛。尤其是一些排比句式，朗读时或如小溪轻捷的奔流，或如大浪排山倒海，给听众以强烈的震撼力和心灵撞击。如朗读高尔基的《海燕》，郭沫若的《雷电颂》。

☞片段训练

　　啊，这宇宙中的伟大的诗！你们风，你们雷，你们电，你们在这黑暗中咆哮着的,闪耀着的一切的一切,你们都是诗,都是音乐,都是跳舞。你们宇宙中伟大的艺人们呀,尽量发挥你们的力量吧!发泄出无边无际的怒火把这黑暗的宇宙,阴惨的宇宙,爆炸了吧!爆炸了吧!

雷!你那轰隆隆的,是你车轮子滚动的声音?你把我载着拖到洞庭湖的边上去,拖到长江的边上去,拖到东海的边上去呀!我要看那滚滚的波涛,我要听那鞺鞺鞳鞳的咆哮,我要飘流到那没有阴谋、没有污秽、没有自私自利的没有人的小岛上去呀!我要和着你,和着你的声音,和着那茫茫的大海,一同跳进那没有边际的没有限制的自由里去!

啊,电!你这宇宙中最犀利的剑呀!我的长剑是被人拔去了,但是你,你能拔去我有形的长剑,你不能拔去我无形的长剑呀!电,你这宇宙中的剑,也正是,我心中的剑。你劈吧,劈吧,劈吧!把这比铁还坚固的黑暗,劈开,劈开,劈开!虽然你劈它如同劈水一样,你抽掉了,它又合拢了来,但至少你能使那光明得到暂时的一瞬的显现,哦,那多么灿烂的、多么炫目的光明呀!

——郭沫若《雷电颂》节选

祖母双手伸开,拦着不让我去。她哪里能拦阻住我,我不是个小滹沱河吗?

滹沱河的声息越来越大,大水仿佛淹没了我们的村子。我听见有谁立在房顶上闷声闷气地喊:"后生们,快堵水去,带上铁锹,带上四齿铁耙!"我当然是个小后生,照吩咐的扛上锹,跑向大门外。人们全都朝大河那里跑,我融入了人流之中……

前几天,不断下暴雨,今天并没有云,天却令人感到是黑沉沉的,而且很低。我不歇气地随着大人们跑着,一过关头(一段古城墙),赫然地望见了滹沱河。它不像水在流动,是一大块深褐色的土地在整个地蠕动。看不见飞溅的明亮的水花,是千千万万匹野兽弓起了脊背在飞奔。由于飞奔，它们一伸一缩的身躯拉长了多少倍，形成了异常宽广的和谐的节奏。滹沱河分成了明显的上下两部分。下面是凝重的水的大地，上面是飞奔的密密匝匝一色的野兽，它们仿佛空悬地飞奔在水的大地上。我所听到的那淹没一切的声音，正是这千千万万匹野兽的狂吼，还有它们践踏的水的大地的喘息声。

——牛汉《滹沱河和我》

◇ 迟缓型

迟缓的节奏用来朗读那些带有哀悼、沉痛和伤感色彩的文字，比舒缓的节奏还要低沉和缓慢。如朗读柯岩的《周总理，你在哪里》。

☞ **片段训练**

周总理，我们的好总理，
你在哪里呵，你在哪里？
你可知道，我们想念你，
——你的人民想念你！
我们对着高山喊：
周总理——
山谷回音：
"他刚离去，他刚离去，
革命征途千万里，
他大步前进不停息。"
我们对着大地喊：
周总理——
大地轰鸣：
"他刚离去，他刚离去，

你不见那沉甸甸的谷穗上,
还闪着他辛勤的汗滴……"

——柯岩《周总理,你在哪里》节选

3月14日下午两点三刻,当代最伟大的思想家停止思想了。让他一个人留在房里不过两分钟,当我们进去的时候,便发现他在安乐椅上安静地睡着了——但已经是永远地睡着了。

这个人的逝世,对于欧美战斗的无产阶级,对于历史科学,都是不可估量的损失。这位巨人逝世以后所形成的空白,不久就会使人感觉到。正像达尔文发现有机界的发展规律一样,马克思发现了人类历史的发展规律,即历来为纷繁芜杂的意识形态所掩盖着的一个简单事实:人们首先必须吃、喝、住、穿,然后才能从事政治、科学、艺术、宗教等等。所以,直接的物质的生活资料的生产,从而一个民族或一个时代的一定的经济发展阶段,便构成基础,人们的国家设施、法的观点、艺术以至宗教观念,就是从这个基础上发展起来的。因而,也必须由这个基础来解释,而不是像过去那样做得相反。

——恩格斯《在马克思墓前的讲话》节选

议论文片段:

今天,我有一个梦想。

我梦想有一天,幽谷上升,高山下降;坎坷曲折之路成坦途,圣光披露,满照人间。

这就是我们的希望。我怀着这种信念回到南方。有了这个信念,我们将能从绝望之岭劈出一块希望之石。有了这个信念,我们将能把这个国家刺耳的争吵声,改变成为一支洋溢手足之情的优美交响曲。

有了这个信念,我们将能一起工作,一起祈祷,一起斗争,一起坐牢,一起维护自由;因为我们知道,终有一天,我们是会自由的。

在自由到来的那一天,上帝的所有儿女们将以新的含义高唱这支歌:"我的祖国,美丽的自由之乡,我为您歌唱。您是父辈逝去的地方,您是最初移民的骄傲,让自由之声响彻每个山岗。"

如果美国要成为一个伟大的国家,这个梦想必须实现!

让自由之声从新罕布什尔州的巍峨的崇山峻岭响起来!

让自由之声从纽约州的崇山峻岭响起来!

让自由之声从宾夕法尼亚州的阿勒格尼山响起来!

让自由之声从科罗拉多州冰雪覆盖的落基山响起来!

让自由之声从加利福尼亚州蜿蜒的群峰响起来!

不仅如此,还要让自由之声从佐治亚州的石岭响起来!

让自由之声从田纳西州的瞭望山响起来!

让自由之声从密西西比的每一座丘陵响起来!

让自由之声从每一片山坡响起来!

当我们让自由之声响起,让自由之声从每一个大小村庄、每一个州和每一个城市响起来时,我们将能够加速这一天的到来。那时,上帝的所有儿女,黑人和白人,犹太教徒和非犹太教徒,耶稣教徒和天主教徒,都将手携手,合唱一首古老的黑人灵歌:"自由啦!自由啦!感谢全能上帝,我们终于自由啦!"

——马丁·路德·金《我有一个梦想》节选

这一段节选,马丁·路德·金畅谈理想,讴歌自由,运用了大量的排比句式,语气越来越快,节奏越来越鲜明。

说明文片段:

在北京的中心,有一座城中之城,这就是紫禁城。现在人们叫它故宫,也叫故宫博物院,这是明清两代的皇宫,是我国现存的最大最完整的古代宫殿建筑群,有500多年了。紫禁城的城墙10米多高,有四座城门:南面午门,北面神武门,东西面东华门、西华门。宫城呈长方形,占地72万平方米,有大小宫殿70多座,房屋9000多间。城墙外是50多米宽的护城河。城墙的四角上,各有一座玲珑奇巧的角楼。故宫建筑群规模宏大壮丽,建筑精美,布局统一,集中体现了我国古代建筑艺术的独特风格。从天安门往里走,沿着一条笔直的大道穿过端门,就到午门的前面。午门俗称五凤楼,是紫禁城的正门。走进午门,是一个宽广的庭院,弯弯的金水河像一条玉带横贯东西,河上是五座精美的汉白玉石桥。桥的北面是太和门,一对威武的铜狮守卫在门的两侧。

——黄传惕《故宫博物院》节选

记叙文片段:

这时他们发现了田野里的三十四架风车。

堂吉诃德一看见风车就对侍从说:"命运的安排比我们希望的还好。你看那儿,桑乔·潘萨朋友,就有三十多个放肆的巨人。我想同他们战斗,要他们所有人的性命。有了战利品,我们就可以发财了。这是正义的战斗。从地球表面清除这些坏种是对上帝的一大贡献。"

"什么巨人?"桑乔·潘萨问。

"就是你看见的那些长臂家伙,有的臂长足有两西里呢。"堂吉诃德说。

"您看,"桑乔说,"那些不是巨人,是风车。那些像长臂的东西是风车翼,靠风转动,能够推动石磨。"

堂吉诃德说:"在征险方面你还是外行。他们是巨人。如果你害怕了,就靠边站,我去同他们展开殊死的搏斗。"

说完他便催马向前。侍从桑乔大声喊着告诉他,他进攻的肯定是风车,不是巨人。可他全然不理会,已经听不见侍从桑乔的喊叫,认定那就是巨人,到了风车跟前也没看清那是什么东西,只是高声喊道:"不要逃跑,你们这些胆小的恶棍!向你们进攻的只是骑士孤身一人。"这时起了点风,大风车翼开始转动,堂吉诃德见状便说:"即使你们的手比布里亚柔斯的手还多,也逃脱不了我的惩罚。"

他又虔诚地请他的杜尔西内亚夫人保佑他,请她在这个关键时刻帮助他。说完他戴好护胸,攥紧长矛,飞马上前,冲向前面的第一个风车。长矛刺中了风车翼,可疾风吹动风车翼,把长矛折断成几截,把马和骑士重重地摔倒在田野上。桑乔催驴飞奔而来救护他,只见堂吉诃德已动弹不得。是马把他摔成了这个样子。

——塞万提斯《堂吉诃德》节选

语调技巧

诵读时的音高变化就是语调。语调有平直调、上扬调、曲折调、降抑调四种基本类型。

❖ 平直调

平直调语势平直舒缓,音节稍长而平直,一般用来表示庄重、严厉的语气,常用于叙述、诠释、判定的陈述句。

❖ 上扬调

上扬调句子呈前低后高的态势,句末音节上扬。一般用来表示反诘、设问、疑问、惊叹、呼吁等类语气,常用于疑问句和感叹句之中。

❖ 曲折调

曲折调句子高高低低,起起伏伏,变化多端,一般用来表示委婉、讥讽、反语、暗示、双关等语气,常用于疑问句式之中。

降抑调

降抑调句子由高到低,语势下降,一般用来表示情感的急遽变化,愤怒、急迫、坚定、毋庸置疑的语气,常用于祈使句之中。

片段训练

多少年来,每到春天,我总要挑个风和日丽的日子,带上孩子们到郊区的野地里去挖荠菜。我明白,孩子们之所以在我的身旁跳着,跑着,尖声地打着唿哨,多半因为这对他们来说,是一种有趣的游戏——和煦的阳光、绿色的田野,就像一幅优美的风景画似的展现在他们面前,使他们的身心全都感到愉快。他们长大一些之后,陪同我去挖荠菜,似乎就变成了对我的一种迁就了,正像那些恭顺的年轻人,迁就他们那些因为上了年纪而变得有点怪癖的长辈一样。这时,我深感遗憾:他们多半不能体会我当年挖荠菜的心情!

——张洁《挖荠菜》节选

我小时候总喜欢在周日里为自己的穿着修饰一番,兄弟姐妹喜欢穿工装裤,但我总是穿上西装,打上领带——在我看来,穿西装、打领带才算是真正的打扮。

清楚记得父亲曾告诉我第一印象对一个人有多么重要。在北卡罗来纳大学时,每次外出我们都穿西服,这正合了我的意。我们一起旅行,希望给人们一种高贵、中看的感觉。正因为如此,我每次赶去赛场之前总不惜花时间在房间里好好修饰一下自己。我希望藉此给人们留下一个好的印象,并让他们知道我很在意他们对我的想法。当然,我对他们也能够尽量地表示尊重。我想跟更年轻的球员们说的一点是:把握现在,小心不要让自己被别人设下的陷阱困住。成功会产生更高的期望值,但这就是我们这个社会里自然的演变规律。在长大成人、当上球员之前你得先了解你是谁。

——迈克尔·乔丹《最出色的球员》节选

语势技巧

语势是朗诵时自然形成的一种语流态势。这种态势或逐渐上扬或逐渐下降，或保持平缓。语势与朗读者对作品的理解有关，或平滑顺畅，或跳荡起伏，或直线下降，或缓缓上扬。其语势里包含的刚劲、温柔、舒展、急促自然形成一种由节奏、音调、音色和语气组合而成的朗读态势。语势大致有如下几种情形：

◆ 高行语势

高行语势是为表达质疑、设问、反诘、兴奋、呼吁、自豪、愤怒、惊恐、紧张、呵斥等感情逐渐上扬的一种语言态势。

☞ 片段训练

欢乐，在起舞。

伴着秋风的絮语和嬉戏，累累果实披满九月的枝头；

这是江南织女机声里的果实。

这是北国学者灯光灼亮的果实。

农人与兵士的悲欢养育了它。

昨日曾有的期待、忧虑、谋略和苦斗，都已酿成芬芳甜蜜的果汁……

欢乐打开所有的门窗。

人们走进收获的季节。

还记得来路上枯藤野蔓的羁绊吗？

还记得酸色的夜，寒风与冰雪的袭击吗？

在风云变幻的天空下我们曾呼唤着旗帜!
当深渊吼叫时,怎能不珍视手中的果实?
欢乐有时也会抿紧嘴唇,
这是黄土地思索着神圣的心事……

——刘虔《岁月,在黄土地上流过》节选

◇低行语势

低行语势是为表达祝福、祈愿、叹息、央求等情感,语句从高至低,逐渐低行的一种语势。

☞片段训练

邻居们把她抬上车时,她还在大口大口地吐着鲜血。我没想到她已经病成那样。看着三轮车远去,也绝没有想到那竟是永远的诀别。

邻居的小伙子背着我去看她的时候,她正艰难地呼吸着,像她那一生艰难的生活。别人告诉我,她昏迷前的最后一句话是:"我那个有病的儿子和我那个还未成年的女儿……"

——史铁生《秋天的怀念》节选

◇缓行语势

缓行语势是为表达一种冷淡、迟缓、麻木、犹豫、思量、哀伤、怀念的情感或者为诠释说明某一事物的特征等,宜用一种比较平缓的语势。其特点是语势比较平缓,没有明显的变化和抑扬。

☞片段训练

华大妈在枕头底下掏了半天,掏出一包洋钱,交给老栓,老栓接了,抖抖的装入衣袋,又在外面按了两下;便点上灯笼,吹熄灯盏,走向里屋子去了。那屋子里面,正在窸窸窣窣的响,接着便是一通咳嗽。

老栓候他平静下去,才低低的叫道,"小栓……你不要起来。……店么?你娘会安排的。"

老栓听得儿子不再说话,料他安心睡了;便出了门,走到街上。街上黑沉沉的一无所有,只有一条灰白的路,看得分明。灯光照着他的两脚,一前一后的走。有时也遇到几只狗,可是一只也没有叫。天气比屋子里冷多了;老栓倒觉爽快,仿佛一旦变了少年,得了神通,有给人生命的本领似的,跨步格外高远。而且路也愈走愈分明,天也愈走愈亮了。

老栓正在专心走路,忽然吃了一惊,远远里看见一条丁字街,明明白白横着。他便退了几步,寻到一家关着门的铺子,蹩进檐下,靠门立住了。好一会,身上觉得有些发冷。

——鲁迅《药》节选

❖ 婉行语势

婉行语势是变化较多、较为曲折的语势。一般表示讽刺、幽默、威胁、暗示等意思。

☞ 片段训练

贝拉约被这噩梦般的景象吓坏了,急忙跑去叫妻子埃丽森达,这时她正在给发烧的孩子头上放置湿毛巾。他拉着妻子走到院落深处。他们望着那个倒卧在地上的人,惊愕得说不出话来。老人穿戴得像个乞丐,在剃光的脑袋上仅留有一束灰发,嘴巴里剩下稀稀落落几颗牙齿,他这副老态龙钟浑身湿透的模样使他毫无气派可言。那对兀鹰似的巨大翅膀,十分肮脏,已经脱掉一半羽毛,这时一动不动地搁浅在污水里。夫妻二人看得那样仔细,那样专注,以致很快从惊愕中镇定下来,甚至觉得那老人并不陌生。于是便同他说起话来,对方用一种难懂的方言但却是一种航海人的好嗓音回答他们。这样他们便不再注意他的翅膀如何的别扭,而是得出十分精辟的结论:即认为他是一位遭到台风袭击的外轮上的孤独的遇难者,尽管如此,他们还是请来一位通晓人间生死大事的女邻居看一看。她只消一眼,便纠正了他俩的错误结论。她说:"这是一位天使,肯定是为孩子来的,但是这个可怜的人实在太衰老了,雷雨把他打落在地上了。"

——加夫列尔·加西亚·马尔克斯《巨翅老人》节选

态势技巧

态势语是朗诵者为表达的需要,而采取的一系列动作、姿态和表情组合语言,我们称之为体态语。朗诵者若感觉言不尽意,就会借助其他语言来表达。就像《礼记·乐记》里所言:"言之不足故长言之;长言之不足故嗟叹之;嗟叹之不足,不知手之舞之足之蹈之也。"也许会"足之舞之",朗诵时,不宜过度地抬手、摆动头部或移动脚步。所有态势语,宜精不宜多,宜缓不宜快,追求平稳、和谐、轻松与自然协调。

态势语是朗诵的一种艺术手段,朗诵者的情感、态度、动作、表情等肢体语言也会发挥巨大的感染力量,也是朗诵者的修养、气质、审美情趣、精神面貌的外现。朗诵者的沉稳、儒雅、刚健、大方、豪情奔放的态势语都会给观众留下深刻的印象。其基本原则为:

◎ 体态适度

所谓辅助手段,强调的是声音的重要性。朗诵艺术并非舞蹈,不需要过多的动作演绎。在朗诵的过程中,切忌动作过于频繁、尺度过大。一般不主张一句一招式、一词一动作,不主张频繁地"手舞足蹈"。如"掏心掏肝式""竖起一指式""翻手覆云式"等等。

◎ 体态自然

态势语是朗诵者对作品的理解后的真情表达。它反对一切的忸怩作态、虚张声势、羞羞答答或肆意的表演。朗诵者的一投手、一举足、一颦一笑,自然、真实、朴实最能打动观众。

◎ 体态轻松

体态语的分解动作应根据文章的内容系统设计,做到简而易,轻松自如,又恰到好处。朗诵者的姿态应轻松、优美,不给观众视觉压力,以观众自然接受、乐于接受为佳。

◆姿势

◎ 出场

朗诵者出场,要精神饱满,信心十足,身形自然,步履适度。站定后,深吸一口气后,略停顿一下,冷静地向观众报题目。要注意,如果出场身体松懈,步履拖沓,身体僵直,就会朝气全失;动作夸张,以舞姿入场会更欠妥当。

◎ 站位

朗诵者的站位一般比较固定,不可在台上来回走动。一般站姿容易引起大家注意,表演时,双脚不平行并拢,更不要前后岔开,造成身体失衡,也有失雅观。通常的站位:双脚略呈外八字,右脚略前伸,既稳当,也利于姿态的改变。当然,有时也可以采取坐姿。

◎ 变化

若表演需要向前迈一小步,也要及时复位。有时步调可以交替,但都需及时复位,回到自然状态。有时为了掩饰"手足无措",也可一只手持一纸材料,既做提醒之用,也可当道具表演;另一只手自然下垂。

◎ 谢幕

朗诵完毕后,要保持气息的平稳,平定一下刚刚表演后的情绪,再向观众毕恭毕敬鞠躬行礼。切不可匆匆忙忙、草草率率收场。

✥ 手势

手势在朗诵中起着十分重要的辅助作用,其对文字的解读具有一定的指向性和表演性。朗诵时双手不动,会使人觉得呆板,朗诵也会沉闷。手势挥动的高度、弧度和摆度都应该在一个适当的范围。一般可以分为上部手势、中部手势和下部手势。

◎ **上部手势**

手势抬到肩部以上,用于感情激越之时,大声疾呼、发出号召、进行声讨,或强调内容、展示前景、畅想未来等。

◎ **中部手势**

手势从腹部至肩部,表示情绪平稳,娓娓道来或亲切交流的时候运用。

◎ **下部手势**

手势在腹部以下,这个部位的手势,一般表达憎恨、厌恶、鄙视、自卑和不畅的情感。

☞ 片段训练

　　　　　　　　把名字刻入石头的
　　　　　　　　名字比尸首烂得更早;
　　　　　　　　只要春风吹到的地方
　　　　　　　　到处是青青的野草。
　　　　　　　　他活着别人就不能活的人,
　　　　　　　　他的下场可以看到;
　　　　　　　　他活着为了多数人更好的活的人,
　　　　　　　　群众把他抬举得很高,很高。

　　　　　　　　　　　——鲁迅《有的人》节选

如最后一句:"群众把他抬举得很高,很高",手势从胸前慢慢抬起,直到第二个"很高"时,手臂要上抬,手掌要超过头顶,突出"有的人"的形象高大和人们对他们的敬意。

手势有时候还可以表达悲愤、痛苦和无奈。如都德的《最后一课》有这样一个情景:

☞片段训练

忽然教堂的钟敲了十二下。祈祷的钟声也响了。窗外又传来普鲁士士兵的号声——他们已经收操了。韩麦尔先生站起来,脸色惨白,我觉得他从来没有这么高大。

"我的朋友们啊,"他说,"我——我——"

但是他哽住了,他说不下去了。

他转身朝着黑板,拿起一支粉笔,使出全身的力量,写了两个大字:"法兰西万岁!"

然后他呆在那儿,头靠着墙壁,话也不说,只向我们做了一个手势:"放学了,——你们走吧。"

在这一情境中,朗诵者用手先指向自己,然后侧身,扭过脸去做了一个手势说:"放学了,——你们走吧。"这个手势是手臂伸直的挥动,但是脸不要给观众看到,形象地表达了韩麦尔先生因为失去祖国的难于言表的悲愤。

☞片段训练

反动派暗杀李先生的消息传出以后,大家听了都悲愤痛恨。我心里想,这些无耻的东西,不知他们是怎么想法,他们的心理是什么状态,他们的心怎样长的!(捶击桌子)其实简单,他们这样疯狂的来制造恐怖,正是他们自己在慌啊!在害怕啊!所以他们制造恐怖,其实是他们自己在恐怖啊！特务们，你们想想，你们还有几天？你们完了，快完了！你们以为打伤几个，杀死几个就可以了事，就可以把人民吓倒了吗？其实广大的人民是打不尽的，杀不完的！要是这样可以的话，世界上早没有人了。

——闻一多《最后一次演讲》

朗诵时，要充分体会闻一多的悲愤心情。体会他对反动派特务的仇恨和敌视，尤其在讲到："他们的心理是什么状态，他们的心怎样长的！（捶击桌子）"时，若面前有张桌子，就要用手捶桌子，以强调情感的悲愤。

手势应根据需要来变化，或握拳、或伸掌、或振臂、或交叉、或上举，动作、语言、表情要自然地融为一体，相互协调，紧密配合。

✿眼神

朗诵者的眼神与听众自然交流，会强化表达效果。朗诵者一般都脱稿表演，朗诵时用眼神传情达意，可以紧紧地抓住听众的耳朵和吸引观众的视线。俗话说"眉目传情"，可以在朗诵的过程中充分体现。

"眼睛是心灵的窗户"。朗诵时，眼神会与听众的心灵交流。有经验的演员说"表演要动人，眼睛须传神"说的就是这个道理。若朗诵者精神饱满，声情合一，眼神随着作品的情感变化而变化，或神采飞扬、或怒目而视、或目光炯炯、或和蔼可亲，会深深打动观众。

一般来说，朗诵者的视线所触之处，正是视线凝聚的落脚点。这个"落脚点"会随着与听众的交流而自然改变、移动，轻而徐，欢而慢。要注意不能让观众感到我们顾盼流离、飘逸不定。自然、亲切、神随意转，恰到好处是基本原则。

📖 片段训练

我不由得停住了脚步。

从未见过开得这样盛的藤萝,只见一片辉煌的淡紫色,像一条瀑布,从空中垂下,不见其发端,也不见其终极。只是深深浅浅的紫,仿佛在流动,在欢笑,在不停地生长。紫色的大条幅上,泛着点点银光,就像迸溅的水花。仔细看时,才知道那是每一朵紫花中的最浅淡的部分,在和阳光互相挑逗。

　　这里春红已谢,没有赏花的人群,也没有蜂围蝶阵。有的就是这一树闪光的、盛开的藤萝。花朵儿一串挨着一串,一朵接着一朵,彼此推着挤着,好不活泼热闹!

——宗璞《紫藤萝瀑布》节选

　　朗诵这一段时,眼神仿佛聚焦于眼前的一片紫藤萝,由上至下、从左至右地扫视,将听众带入一个诗意的春天般的境界。

☞ 片段训练

　　予观夫巴陵胜状,在洞庭一湖。衔远山,吞长江,浩浩汤汤,横无际涯;朝晖夕阴,气象万千。此则岳阳楼之大观也。前人之述备矣。然则北通巫峡,南极潇湘,迁客骚人,多会于此,览物之情,得无异乎?

　　若夫霪雨霏霏,连月不开,阴风怒号,浊浪排空;日星隐耀,山岳潜形;商旅不行,樯倾楫摧;薄暮冥冥,虎啸猿啼。登斯楼也,则有去国怀乡,忧谗畏讥,满目萧然,感极而悲者矣。

　　至若春和景明,波澜不惊,上下天光,一碧万顷;沙鸥翔集,锦鳞游泳;岸芷汀兰,郁郁青青。而或长烟一空,皓月千里,浮光跃金,静影沉璧,渔歌互答,此乐何极!登斯楼也,则有心旷神怡,宠辱偕忘,把酒临风,其喜洋洋者矣。

——范仲淹《岳阳楼记》节选

　　朗诵"在洞庭一湖。衔远山,吞长江,浩浩汤汤,横无际涯;朝晖夕阴,气象万千"时,视点要远,眺望隐隐约约的远山可由远及近;眺望长江的奔流可从左至右。

朗诵到"至若春和景明,波澜不惊,上下天光,一碧万顷;沙鸥翔集,锦鳞游泳;岸芷汀兰,郁郁青青。而或长烟一空,皓月千里,浮光跃金,静影沉璧,渔歌互答,此乐何极!"时,视点从下至上,再从上至下。上看"沙鸥翔集";下看"锦鳞游泳";近看"岸芷汀兰,郁郁青青";远看"长烟一空"。接着视点再次由高远到俯视地移动:"皓月千里,浮光跃金,静影沉璧,渔歌互答"。最后定格在与观众交流:"此乐何极!"

☞ 片段训练

请分组练习朗诵《沁园春》互相注意其眼神及视点的变化:

> 北国风光,
>
> 千里冰封,
>
> 万里雪飘。
>
> 望长城内外,
>
> 惟余莽莽;
>
> 大河上下,
>
> 顿失滔滔。
>
> 山舞银蛇,
>
> 原驰蜡象,
>
> 欲与天公试比高。
>
> 须晴日,
>
> 看红装素裹,
>
> 分外妖娆。
>
> 江山如此多娇,
>
> 引无数英雄竞折腰。

惜秦皇汉武,

略输文采;

唐宗宋祖,

稍逊风骚。

一代天骄,

成吉思汗,

只识弯弓射大雕。

俱往矣,

数风流人物,

还看今朝。

——毛泽东《沁园春·雪》

◇ 表情

面部表情是朗诵者内心情感的外化,其喜怒哀乐会直接呈现在脸上,并感染观众。如微笑、皱眉、咧嘴、瞪眼、吹须、点头、仰首、侧脸等等。这些表情的呈现,一定要和文章的内容密切相关,其变化或稍纵即逝,或骤然爆发,或连续不断。表情的幅度要合情合理,收放自如。总之,朗诵者的表情要健康、阳光、真诚,给观众一种亲近自然感。

☞ 片段训练

队伍忽然放慢了速度,前面有许多人围在一起,不知在干什么。

将军边走边喊:"不要停下来,快速前进!"

"前面有人冻死了。"警卫员跑回来告诉他。

将军愣了一下,什么话也没说,快步朝前走去。

一个冻僵的老战士,倚靠光秃秃的树干坐着。他一动不动,好似一尊塑像,身上落满了雪,无法辨认他的面目,但可以看出,他的神态十分镇定,十分安详:右手的中指和食指间还夹着半截纸卷的旱烟,火已被雪打灭;左手微微向前伸着,好像在向战友借火。单薄破旧的衣服紧紧地贴在他的身上。

将军的脸色顿时严峻起来,嘴角边的肌肉抽动着。忽然他转过脸向身边的人吼道:"把军需处长给我叫来!为什么不给他发棉衣?"

呼啸的狂风淹没了将军的话音。没有人回答他,也没有人走开。他红着眼睛,像一头发怒的豹子,样子十分可怕。

"听见没有,警卫员?叫军需处长跑步过来!"将军两腮的肌肉抖动着。

这时候,有人小声告诉将军:"他就是军需处长……"

将军愣住了,久久地站在雪地里。他的眼睛湿润了。他深深地吸了一口气,缓缓地举起右手,举到齐眉处,向那位跟云中山化为一体的军需处长敬了一个军礼。

风更狂了,雪更大了。在雪很快地覆盖了军需处长的身体,他成了一座晶莹的丰碑。

将军什么话也没有说,大步走进漫天的风雪中。他听见无数沉重而坚定的脚步声。那声音似乎在告诉人们:如果胜利不属于这样的队伍,还会属于谁呢?

——李本深《丰碑》节选

当将军发现军需处长是被活活冻死的时候,"将军的脸色顿时严峻起来,嘴角边的肌肉抽动着。忽然,他转过脸向身边的人吼道"这里朗诵者需要有一系列的面部表情:脸色严峻、嘴角抽动、转过脸去、红着眼睛、像发怒的豹子、两腮抖动、深深吸气等等。这些表情自然地表达了将军的震惊、愤怒和对战士被活活冻死的痛惜。

课外链接

没有人能算清楚,中央人民广播电台著名播音员、朗诵艺术家方明到底参加了多少次经典诗文朗诵会,说到沈阳之行,方明说:"非常高兴来沈阳,沈阳'全民读书月'活动很好,人们应该静下来读读书。"

当问到方明的近况时,他说一直养病,偶尔参加一点社会活动。此次沈阳之行,方明在《聆听经典——中国名家名篇音乐朗诵会》上朗诵《对衰老的回答》。方明说:"每朗诵一次,对我来讲都是一次心灵的净化。在得病前的朗诵,我从艺术的角度考虑得更多。病后朗诵它,觉得就是我的人生经历,更多思考我应该如何面对生和死,如何面对疾病,如何面对今后的人生。"

方明告诉记者,2006年,身患胃癌的他接受了一次手术。手术后的方明改变了20多年的生活习惯:只吃蔬菜,不再吃肉。生活习惯变了,但对朗诵的热爱没变。如今再听方明的《对衰老的回答》时,你能感受到他是用自己生命的体验在诠释,它超越了纯粹艺术上的享受,是对人生的升华。谈到《聆听经典——中国名家名篇音乐朗诵会》,方明非常赞赏:"经典诗文通过演员、播音员的情感表达,等于给它插上了翅膀,飞到我们的广大听众中间。这是件很享受的事儿。"

——选自《方明:朗诵是自我心灵的净化》

第四节 诵读之别

朗读,语文的一种教学手段;朗诵,艺术表演的一种形式。二者都是通过声音追求一种美的境界。朗读是学习朗诵的基础,优美而生动的朗读是朗诵的前期训练。

◆<u>朗读特点</u>

朗读时要正确、流利、有感情地演绎作品,强调规范使用普通话和对作品的解读,重在读。朗读需视线不离作品,声音需清亮悦耳,字正腔圆,不作情感的过度修饰,不讲究眼神、表情、动作等肢体语言的配合。

◆<u>朗诵特点</u>

朗诵时需声情并茂,调动各种手段拨动观众的心弦,演绎作品的丰富内涵,重在诵。朗诵让声音、体态、表情、动作、背景音乐,甚至幕墙色调等都要有机结合,与作品融为一体。

初学者,朗读比朗诵更重要。它要求读准字音,断句分明,节奏平缓,语调纯正。朗诵也重视预读,其强调逼真的语调、明快的节奏、充沛的感情、丰富的想象、细腻的表情和合理的动作等,其表演更具艺术性。

品读朱自清的《匆匆》,体会朗读与朗诵之不同。

☞<u>片段训练</u>

燕子去了,有再来的时候;杨柳枯了,有再青的时候;桃花谢了,有再开的时候。但是,聪明的,你告诉我,我们的日子为什么一去不复返呢?——是有人偷了他们罢:那是谁?又藏在何处呢?是他们自己逃走了罢:现在又到了哪里呢?

我不知道他们给了我多少日子;但我的手确乎是渐渐空虚了。在默默里算着,八千多日子已经从我手中溜去;像针尖上一滴水滴在大海里,我的日子滴在时间的流里,没有声音,也没有影子。我不禁头涔涔而泪潸潸了。

去的尽管去了,来的尽管来着;去来的中间,又怎样地匆匆呢?早上我起来的时候,小屋里射进两三方斜斜的太阳。太阳他有脚啊,轻轻悄悄地挪移了;我也茫茫然跟着旋转。于是——洗手的时候,日子从水盆里过去;吃饭的时候,日子从饭碗里过去;默默时,便从凝然的双眼前过去。我觉察他去的匆匆了,伸出手遮挽时,他又从遮挽着的手边过去。天黑时,我躺在床上,他便伶伶俐俐地从我身上跨过,从我脚边飞去了。等我睁开眼和太阳再见,这算又溜走了一日。我掩着面叹息。但是新来的日子的影儿又开始在叹息里闪过了。

在逃去如飞的日子里,在千门万户的世界里的我能做些什么呢?只有徘徊罢了,只有匆匆罢了;在八千多日的匆匆里,除徘徊外,又剩些什么呢?过去的日子如轻烟,被微风吹散了,如薄雾,被初阳蒸融了;我留着些什么痕迹呢?我何曾留着像游丝样的痕迹呢?我赤裸裸来到这世界,转眼间也将赤裸裸的回去罢?但不能平的,为什么偏要白白走这一遭啊?

你聪明的,告诉我,我们的日子为什么一去不复返呢?

——选自朱自清《匆匆》节选

第五节　朗诵风格

作为一种有声语言的艺术，朗诵者需在对作品深刻理解的基础上，进行再创造。朗诵时所有艺术的处理方法都与作者对作品的理解深度有关。语音、语气、语调、节奏、重音、节奏、韵味，不过是诠释作品的方法和技巧。

可供朗诵的作品，大多集中在诗歌和记叙性文本上。如散文、游记、通讯、人物传记、童话、寓言、传说、小品文和说明文上。每种文体有其自己独特的写作技巧和风格。朗诵时，有时需要变换各种角色和模拟各种场景，设计不同风格场景：思辨型、争论型、描述型、打趣型等等。这里的实战技巧主要是指对不同文体、不同风格的作品进行整体设计。

朗诵风格设计

朗诵风格是属于个人独有的东西。朗诵的感受和情感审美都是表演者自己的发现和创造。有人说："朗诵者在大量朗诵实践的基础上所形成的独有的艺术特色。这种特色在其朗诵创作中反复呈现，并有了相对稳定性。它是朗诵艺术成熟的标志。"这种独特性与稳定性就是朗诵者风格的真实面貌。

从风格角度而言，有的清新明快、有的激情四射、有的深郁顿挫、有的幽默诙谐、有的深情讴歌。

◈ 清新明快型

其朗诵风格多是节奏轻快的,语流中速,减少顿挫,扬多抑少,吐字轻巧而且富有弹性。如杨朔的《雪浪花》,可选语速轻快、减小力度、增加跳跃感的节奏等方法来突出人物的愉悦心情。朱自清的《春》朗诵时要语流平顺,声音清亮,情绪轻快。类似的作品有:郭沫若的《天上的街市》、朱自清的《春》、邹荻帆的《如果没有花朵》和宗璞的《紫藤萝瀑布》等。

◈ 激情四射型

其朗诵风格是因作品本身具有激越的文字和情感,一般朗诵者需语句铿锵,感情热烈,语流起伏,直抒胸臆。这类作品有:王怀让《我骄傲,我是中国人》、叶挺《囚歌》、光未然《黄河颂》、普希金《致大海》、毛泽东《沁园春·雪》、舒婷《祖国啊,我亲爱的祖国》等。

◈ 深郁顿挫型

其朗诵风格是因为作品本身所具有的沉郁的感情色彩,如描绘庄严肃穆的场景、悲哀伤感情怀的作品,其情绪比较低沉哀婉、语势顿挫,语调偏低,语势低缓。此类作品有:安徒生《卖火柴的小女孩》、戴望舒《雨巷》、余光中《乡愁》、鲁迅的《有的人》等。

◈ 幽默诙谐型

其语言风格轻松幽默、诙谐、语调夸张、角色变换多样,具有讽刺和打趣的喜剧效果。这类作品有寓言《乌鸦和狐狸》、《赫尔墨斯与雕像者》、《谦虚过度》等。

◈ 深情讴歌型

其朗诵风格以舒缓明快为主,语调比较高亢、节奏偏快,气长字连,语音会有一定的延长和加重力度,张扬一种积极向上的情绪。这里作品有舒婷的《致橡树》、冰心的《寄小读者》、朱自清的《匆匆》、莫怀威的《散步》、柯罗连科的《火光》等。

朗诵不同于吟唱、背诵和朗读。吟唱是自娱自乐式的不拘一格的念读；背诵以求声音刺激大脑皮层，强化记忆；朗读追求字正腔圆、规范和流畅；朗诵需要加进更多的个人的情感志趣，需要根据作品和个人的特点进行朗诵风格设计。

◎ **围绕作品设计**

朗诵者要根据不同的文体、不同的材料清楚地把握文章的主题，传递作品的真实意图。

◎ **围绕个性设计**

朗诵者要根据自己的嗓音条件、语速和对文本的喜爱类型巧选文本，进行特色诵读构思。

◎ **围绕听众设计**

朗诵者要根据听众对象，恰当选择朗诵的材料和方式，对作品进行再认识再创造，充分挖掘作品的意蕴。

悦读指津

确定一个作品的朗诵风格，除了围绕作品、围绕朗诵者的特质、根据受众对象进行设计而外，还要把握作品的情感基调、揣摩人物的心理和情绪变化，还要整体构思朗诵风格。下面以史铁生的《秋天的怀念》为例来解析。

◎ **把握感情基调**

史铁生是一位身残志坚的作家。在他生命最脆弱的时候，他表现出了对命运的无奈和苦闷，对他的母亲吼："我活着有什么劲！"母亲扑过去抓住他的手,忍住哭声说:"咱娘俩在一块儿,好好儿活,好好儿活……"这几个字透露出母亲的哀求和对儿子的鼓励,然而,可就是这样一位伟大的母亲,却在那个秋天永远离开了他的儿子。

朗诵这段文字时,要注意围绕作品的基调和个人特质设计朗诵风格。让观众体会母亲那深深的伤感和自责。体会作者在对生与死的考验之后,带着的无限悲凉和对生命的探寻。总体风格是伤感、愧疚与自责的沉郁顿挫。

☞ **片段训练**

双腿瘫痪后,我的脾气变得暴怒无常。望着望着天上北归的雁阵,我会突然把面前的玻璃砸碎;听着听着李谷一甜美的歌声,我会猛地把手边的东西摔向四周的墙壁。母亲就悄悄地躲出去,在我看不见的地方偷偷地听着我的动静。当一切恢复沉寂,她又悄悄地进来,眼边红红的,看着我。

"听说北海的花儿都开了,我推着你去走走。"她总是这么说。母亲喜欢花,可自从我的腿瘫痪后,她侍弄的那些花都死了。

"不,我不去!"我狠命地捶打这两条可恨的腿,喊着:"我活着有什么劲!"母亲扑过来抓住我的手,忍住哭声说:"咱娘儿俩在一块儿,好好儿活,好好儿活……"可我却一直都不知道,她的病已经到了那步田地。后来妹妹告诉我,她常常肝疼得整宿整宿翻来覆去地睡不了觉。

那天我又独自坐在屋里,看着窗外的树叶"唰唰啦啦"地飘落。母亲进来了,挡在窗前:"北海的菊花开了,我推着你去看看吧。"她憔悴的脸上现出央求般的神色。"什么时候?""你要是愿意,就明天?"她说。我的回答已经让她喜出望外了。"好吧,就明天。"我说。她高兴得一会儿坐下,一会儿站起:"那就赶紧准备准备。""哎呀,烦不烦?几步路,有什么好准备的!"她也笑了,坐在我身边,絮絮叨叨地说着:"看完菊花,咱们就去'仿膳',你小时候最爱吃那儿的豌豆黄儿。还记得那回我带你去北海吗?你偏说那杨树花是毛毛虫,跑着,一脚踩扁一个……"她忽然不说了。对于"跑"和"踩"一类的字眼儿。她比我还敏感。她又悄悄地出去了。

她出去了。就再也没回来。

我懂得母亲没有说完的话。妹妹也懂。我俩在一块儿,要好好儿活……

◎ **揣摩人物情绪**

作者以平实的语言讲述了罹病的母亲为了自己,出去看风景然后讲给儿子听,并小心翼翼地"央求"儿子出去看看的情形。

朗诵时,要读出母亲为让儿子不彻底绝望的那种渴求与哀求的口吻,那种试探性小心翼翼呵护的情感。

母亲的话语是真切的,真切的背后蕴藏着深爱。要感悟蕴含在字里行间的那份毫不张扬的母爱,体会"好好活儿"的意义的深刻性。在这篇文章中,"好好活儿"出现了两次,集中体现了母亲希望孩子勇敢面对生活、坚定人生态度的情愫。

◎ **确定朗诵风格**

整体上讲,史铁生的这篇文字,感情真挚,伤感、悔恨、失望、纠结、怀念的情绪都融合在一起。选读本文,把握伤感的基调,语音低沉、速度比较缓慢、音色要偏暗、语速比较迟缓,要充满对往事不堪回首的色彩。除此之外,表情、声调、语速、手势的频率都要作"顶层"设计,以求达到最佳效果。

 片段训练

大堰河,今天我看到雪使我想起了你。

你用你厚大的手掌把我抱在怀里,抚摸我;
在你搭好了灶火之后,
在你拍去了围裙上的炭灰之后,
在你尝到饭已煮熟了之后,
在你把乌黑的酱碗放到乌黑的桌子上之后,
在你补好了儿子们的为山腰的荆棘扯破的衣服之后,
在你把小儿被柴刀砍伤了的手包好之后,
在你把夫儿们的衬衣上的虱子一颗颗地掐死之后,
在你拿起了今天的第一颗鸡蛋之后,
你用你厚大的手掌把我抱在怀里,抚摸我。
我是地主的儿子,
在我吃光了你大堰河的奶之后,
我被生我的父母领回到自己的家里。
啊,大堰河,你为什么要哭?

我做了生我的父母家里的新客了!
我摸着红漆雕花的家具,
我摸着父母的睡床上金色的花纹,
我呆呆地看着檐头的我不认得的"天伦叙乐"的匾,
我摸着新换上的衣服的丝的和贝壳的纽扣,
我看着母亲怀里的不熟识的妹妹,
我坐着油漆过的安了火钵的炕凳,
我吃着碾了三番的白米的饭,
但,我是这般忸怩不安!因为我
我做了生我的父母家里的新客了。

大堰河,为了生活,
在她流尽了她的乳汁之后,

她就开始用抱过我的两臂劳动了；
她含着笑，洗着我们的衣服，
她含着笑，提着菜篮到村边的结冰的池塘去，
她含着笑，切着冰屑悉索的萝卜，
她含着笑，用手掏着猪吃的麦糟，
她含着笑，扇着炖肉的炉子的火，
她含着笑，背了团箕到广场上去，
晒好那些大豆和小麦，
大堰河，为了生活，
在她流尽了她的乳液之后，
她就用抱过我的两臂，劳动了。
大堰河，深爱着她的乳儿；
在年节里，为了他，忙着切那冬米的糖，
为了他，常悄悄地走到村边的她的家里去，
为了他，走到她的身边叫一声"妈"，
大堰河，把他画的大红大绿的关云长
贴在灶边的墙上，
大堰河，会对她的邻居夸口赞美她的乳儿；
大堰河曾做了一个不能对人说的梦：
在梦里，她吃着她的乳儿的婚酒，
坐在辉煌的结彩的堂上，
而她的娇美的媳妇亲切地叫她"婆婆"
……

课外链接

"台下安静极了,观众们全神贯注地聆听着……那一刻,我感到了一种无比的幸福感。"乔榛至今仍记得有一年的诗文音乐朗诵会结束后,观众们久久不肯离去,其中一位观众激动地对他说:"听你们的朗诵,我从心底里感受到了一种圣洁的感觉。"就为这句话,乔榛感动得流下眼泪来。"每每想到这些热爱我们的观众,听到他们发自内心的掌声与欢呼,我就越发觉得自己应该更加虔诚地投入到朗诵这门语言艺术中。"

在乔榛看来,朗诵,就是把文字艺术形象化。"朗诵者首先应该感悟到一首作品的内涵,先使自己激动,然后再传递给观众,引发观众共鸣。"如此心照不宣的心灵和情感上的互动,使他愈加享受于和观众的神情交流,那是一种彼此交融、相互欣赏的美妙体验。

——选自《乔榛:站上舞台有种幸福感》

第六节　实战技巧

诗歌之诵

◈ 品味特点

诗歌，运用精炼的富有节奏感和音乐美的语言，以强烈的情感和丰富的想象力，高度集中地反映社会生活的一种文学体裁。概括性、形象性、抒情性、音乐性是它的特点。

诗歌的种类很多。从描写的对象可分为抒情和叙事两大类。从形式上分，可分为格律诗、自由诗、民歌和散文诗四类。从所描写的具体内容分，可分为哲理诗、田园诗、山水诗、爱情诗、讽刺诗、赠别诗等。

◈ 悦诵指津

◎ **诵出基调**

"以情带声，以声传情。"这是我国老一辈播音艺术家一直遵循的一条创作原则。首先，要对诗文进行感受，确定基调，把握情感语气，对作者提供的意境进行再创造；其次，在确定了初步的朗诵方案之后，再试诵，进一步调整朗诵基调。

"诗是感情的艺术。"作者的抒情或情景相生、或触景生情、或托物言志、或状物抒情、或直抒胸臆。其以抒发真情实感为主要特征，目的就是抒情。

☞ **片段训练**

假如我是一只鸟，

我也应该用嘶哑的喉咙歌唱：
这被暴风雨所打击着的土地，
这永远汹涌着我们的悲愤的河流，
这无止息地吹刮着的激怒的风，
和那来自林间的无比温柔的黎明……
——然后我死了，
连羽毛也腐烂在土地里面。
为什么我的眼里常含着泪水？
因为我对这土地爱得深沉……

——艾青《我爱这片土地》

《我爱这土地》是现代诗歌史上，广泛传诵的抒情名篇。作者以一只鸟生死眷恋土地作比，抒发了深沉而真挚的爱国情感。诗人用"嘶哑"来描绘鸟儿的歌喉，表达了对祖国前途命运的担忧及心力交瘁的情状。

"假如我是一只鸟"，以假设开头，让读者未读先疑："鸟"和"土地"有着怎样的联系呢？在炮火连天、国运危急的时刻，一只看似微不足道的小鸟也要奋力抗争，用自己的歌喉发出不屈的声音。"我也应该用嘶哑的喉咙歌唱"，让我们看到一只饱受磨难的鸟，它用整个生命发出坚毅的歌唱。

土地、河流、风、黎明的核心是"土地"。看看作者的描写："这被暴风雨所打击着的土地"，正是遭受日寇欺凌的国土的写照。"永远汹涌着我们的悲愤的河流"，象征着长期郁结在人民心中的悲愤像河流一般汹涌奔流。"无止息地吹刮着的激怒的风"，象征人民心中对侵略者暴行的愤怒。"来自林间的无比温柔的黎明"，预示着独立自由的曙光，必将降临于这片土地。"然后我死了/连羽毛也腐烂在土地里面"，小鸟活着时,倾尽全力而歌,死后,又将自己的全身投入土地的怀抱,连羽毛都与土地融为一体。朗读时要充满深情和赞美。

"为什么我的眼里常含泪水",表现了悲苦萦绕心中——"因为我对这土地爱得深沉"!目睹山河破碎、人民涂炭的现实,对祖国爱得愈深,心中的痛苦也愈强烈。最后两句,点明中心,含义深刻地浓缩了一种深深的爱国情怀,抒发了人民的心声。

◎ **诵出节奏**

诗歌是有意蕴,有节奏,有逻辑情感的。如重音、轻音、节拍、合辙、押韵、咏叹等等,诗歌有一种强烈的韵律感、节奏感和意境感。诗歌的节奏,遵循事物的规律和变化;诗歌的节奏是一种语言的变式,长长短短、高高低低、急急缓缓。要读出这些变化,我们必须追逐诗人的心灵和步入他创造的意境之中去。

 片段训练

假如/我是一只鸟,

我也应该/用嘶哑的喉咙/歌唱:

这/被暴风雨/所打击着的土地,

这/永远汹涌着/我们的悲愤的河流,

这/无止息地/吹刮着的激怒的风,

和那/来自林间的/无比温柔的黎明……

——然后/我死了,

连羽毛也腐烂在/土地里面。

为什么/我的眼里/常含泪水?

因为/我/对这土地/爱得深沉……

◎ 诵出意境

☞ 片段训练

> 天门中断楚江开,
> 碧水东流至此回。
> 两岸青山相对出,
> 孤帆一片日边来。
>
> ——李白《望天门山》

作者寥寥数语勾勒出一幅江出青山、孤帆远影的绚丽画面。朗诵时,扣住"断、开、流、回、出、来"几个动词,山水景物就会跃跃欲出,将读者带入雄奇阔远的意境之中。

"天门中断楚江开,碧水东流至此回。"朗诵时要读出江水穿过天门山,激越和回荡的气势。体会冲出三峡的长江水,由西向东缓缓流来,因受天门山之阻,湍急的漩涡的意境。"两岸青山相对出,孤帆一片日边来。"写江水咆哮着犹如一把长剑,将巍峨的天门山劈做两半,滔滔江水,奔流东去,浩渺无际的天边,一轮红日冉冉升起,一条帆船远远驰来。

读诗赏文,纵目远眺,烟波浩渺之上,孤帆红日,江山如画。短短四句二十八个字,构成的意境是多么优美、壮阔,令人恍若置身其中。

散文之诵

◈ 品味特点

散文这种文学样式,与其他文学体裁相比,在表现形式和表现手法上更为自由。其特点是"形散神聚",散中有致,散中有意。这类文体的朗诵一定要读出文章的意蕴和深刻的立意,我们要做到使读者听而有韵,松而不散。

◇ 悦诵指津

◎ 诵出真情

真情实感是散文的命脉,要读出文字背后的深刻意蕴,需仔细地揣摩文意。一般来说,散文的朗诵比较平缓,朗诵者的情绪也比较平稳,一般选择中等语速和比较柔婉的语调,很少使用慷慨激昂和大起大落的语势。平缓的语速、轻柔的音调和舒适的节奏能给听众以思考的余地。

◎ 诵出变化

从散文的种类来讲,无论是抒情散文、哲理散文和叙事散文,其在表现形式上都比较灵活自由。看似漫散无章,实为"形散神聚",一线串珠。朗诵时要追求平稳、灵活多变和轻松自如。叙述之处要清晰晓畅;描写之处要具体逼真形象生动;议论之处,要轻重结合,铿锵有力;抒情之处,要饱满真挚含蓄动人。总之,要给听众一种质朴感,贴近感、亲切感,切不可装腔作势、拿腔捏调。

☞ 片段训练

盼望着,盼望着,东风来了,春天的脚步近了。

一切都像刚睡醒的样子,欣欣然张开了眼。山朗润起来了,水涨起来了,太阳的脸红起来了。

小草偷偷地从土里钻出来,嫩嫩的,绿绿的。园子里,田野里,瞧去,一大片一大片满是的。坐着,趟着,打两个滚,踢几脚球,赛几趟跑,捉几回迷藏。风轻悄悄的,草软绵绵的。

桃树、杏树、梨树,你不让我,我不让你,都开满了花赶趟儿。红的像火,粉的像霞,白的像雪。花里带着甜味儿,闭了眼,树上仿佛已经满是桃儿、杏儿、梨儿！花下成千成百的蜜蜂嗡嗡地闹着,大小的蝴蝶飞来飞去。野花遍地是：杂样儿,有名字的,没名字的,散在草丛里像眼睛,像星星,还眨呀眨的。

"吹面不寒杨柳风",不错的,像母亲的手抚摸着你。风里带来些新翻的泥土气息,混着青草味儿,还有各种花的香都在微微润湿的空气里酝酿。鸟儿将窠巢安在繁花嫩叶当中,高兴起来了,呼朋引伴地卖弄清脆的喉咙,唱出宛转的曲子,与轻风流水应和着。牛背上牧童的短笛,这时候也成天嘹亮地响。

雨是最寻常的,一下就是两三天。可别恼。看,像牛毛,像花针,像细丝,密密地斜织着,人家屋顶上全笼着一层薄烟。树叶子却绿得发亮,小草儿也青得逼你的眼。傍晚时候,上灯了,一点点黄晕的光,烘托出一片安静而和平的夜。乡下去,小路上,石桥边,有撑起伞慢慢走着的人；还有地里工作的农夫,披着蓑,戴着笠。他们的房屋,稀稀疏疏的,在雨里静默着。

天上风筝渐渐多了,地上孩子也多了。城里乡下,家家户户,老老小小,也赶趟儿似的,一个个都出来了。舒活舒活筋骨,抖擞抖擞精神,各做各的一份儿事去了。"一年之计在于春",刚起头儿,有的是工夫,有的是希望。

春天像刚落地的娃娃,从头里脚是新的,它生长着。

春天像小姑娘,花枝招展的,笑着,走着。

春天像健壮的青年,有铁一般的胳膊和腰脚,领着我们上前去。

朱自清的《春》清新俊逸。其情感基调：盼春、赏春和赞春。朗诵时,一般声音前低后高,由轻至重,仿佛春刚刚醒来,渐渐地展示其美好的一面。

"春天的脚步近了……小草偷偷地从土里钻出来",作者用拟人之法,写春天的脚步"近"了。"闭了眼,树上仿佛已经满是桃儿、杏儿、梨儿",重音放在"近","钻"和"桃儿、杏儿、梨儿"上,若放在"仿佛"上,那就有一种反讽的味道了。一个"满"字,要读得充满遐想,仿佛眼前开满了鲜花和飘着醉人的芬芳,给听众以春天勃勃生机之感。

"像母亲的手抚摸着你……都在微微润湿的空气里酝酿",从这些句子,又显示了春的温柔、春的浪漫之态。要恰当地把握句子自然的逻辑重音,让听众从视觉、听觉、味觉、嗅觉及想象各方面,去感受春的气息。

寓言之诵

◆品味特点

寓言是以讽喻或劝谏性的故事寄托某种哲理的文学作品,大多起源于民间故事,主题多是惩恶扬善,多充满智慧哲理。其手法是借此喻彼。借事寓理,生动形象,短小精悍,大众喜闻乐见。寓言主要包括以人物形象为主的人物性寓言和以动物形象为主的动物性寓言两种。如《刻舟求剑》或《黔驴技穷》等等。

◆悦诵指津

◎ **诵出趣味**

寓言,一般构思巧妙,层次感强,由故事和教训两部分组成。又因篇幅短小,内容通俗,故事中常常出现拟人化的动物,特别受到大家的喜爱。这种文体的朗诵,要求朗诵者既要将故事读得有趣味,又要将哲理读到人的心里去。要做到这样,朗诵者需要模拟动物的声音、腔调和肢体语言,以求惟妙惟肖。我们把这叫"声音造型"。如,模拟笨重的大象和粗鲁的野猪,声音就要显得低沉、浑厚、笨拙。模拟小鸟、小松鼠、花骨朵、露珠的语言,就要追求纤弱、胆小、清纯、温和、甜美的效果。

◎ 诵出哲理

寓言故事的主人翁,多半是人格化了的动植物或其他物像。朗诵者要将其鲜明的个性和禀赋演绎出来。善与恶、美与丑、真与假,都要通过声音形象表达出来。这不是为扮演而扮演,而是要紧扣文章所传递的哲理,读出故事背后的寓意。如《揠苗助长》告诉人们,做任何事都得尊重自然规律,不得违背规律、凭着性子做事,否则害人害己。

☞片段训练

受宠的猪(寓言)

灵通鸟见到自己的好朋友——小鹿,便将小猪得森林之王爱宠的消息告诉了它,小鹿又告诉了羚羊,顿时这个消息像长了翅膀似的飞快地传遍了整个森林。

猴子从一棵树跳到另一棵树上晃悠悠地说:"嘿嘿,如果,它因为有一条细长美丽而有力的尾巴受宠爱的话,"猴子边说边把尾巴挂在树上荡秋千,"我就不觉得有什么奇怪的了。"

小兔子听见了这个意外的消息,从树丛里也蹦了出来。对着猴子说:"才不对呢,亲爱的猴哥哥,如果它是仗着它的又长又白的耳朵而讨人喜欢的话,那就有了充分的理由。唉,谁都知道它的耳朵整天垂头丧气地耷拉着的啊!哼,我真的搞不懂耶!"

路过的鹦鹉也忍不住插嘴进来,说:"你们都错了!要想得宠,它首先必先有一副好嗓子,要能唱美妙动听的歌,它才可以被人喜欢,并飞黄腾达啊!如果,如果……它要是没有美妙的歌声,只会哼哼的话,它决不能遇上这次机会!"

"唉,这世界怎么啦,大家都把自己的优点作为评判的标准!"猪扭着肥胖的身躯,气呼呼地向臭水沟扑去。

(作者:上海市桃李园实验学校 六年级 王婕妤)

这段文字中出现了灵通鸟、猴子、小兔子、鹦鹉和猪等不同的人物角色。朗诵时要变换不同的声音色彩来突出各种小动物的形象。要读出小猴子的悠闲、自得和调皮,小兔子的不屑一顾和郁闷,鹦鹉的得意与炫耀嗓子的傲慢神态和小猪的气呼呼的样子。

小说之诵

◇ 品味特点

小说特点可归纳为:丰富而细致的人物刻画;完整而多变的情节铺叙;具体而独特的环境描写。虚构性是小说的本质。"捕捉人物生活的感觉经验"是小说竭力要挖掘的艺术内容。其感觉经验越新鲜、细微、独特、准确、深刻,就越小说化。朗诵者需进入这种虚构性,才可以将听众带入"真实的生活场景",准确把握人物生活现实性。小说的诵读更要给人生活的立体感以及情景的逼真感和人物的丰满感。

◇ 悦诵指津

◎ 诵出心声

要想把小说播讲得"引人入胜",需要朗诵者有良好的基本功。如语音规范、吐字清晰、气息控制得好、声音富有弹性等。只有准确而深刻地理解作品,体会人物丰富而细腻的情感变化,才可以进入人物的心灵世界。小说通过对人物的语言、行为举止、外貌神态、表情和心理活动的刻画来塑造人物。朗诵中,要恰当地表达作者对人物的塑造,尤其要抓住人物的对话和内心独白。古语讲"言为心声",心理活动直接展示了人物的内心世界,朗诵者要仔细揣摩,读出人物的焦虑、渴望、期盼、急切、愤怒、犹豫、坚定、胆怯等等心理活动。

◎ **诵出氛围**

环境是人物活动的空间,是事件发生、发展、高潮和结局的基本场所。对场景和场所所呈现的状况要尽力渲染,以浓烈的语调渲染或欢快、或宁静、或哀伤、或恐怖的氛围。

要力求读出当时的气氛,寓情于景,将听众带入氛围之中。"以声模境",要合理地运用语音、语气、语势、语流和轻重音等技巧来渲染氛围。

◎ **诵出情节**

小说的故事情节千变万化、起起伏伏,这些变化都要靠音色、声音强度、音色、节奏、速度、语调等各种技巧来演绎。朗诵者须对故事情节了然于胸,根据情节地发生、发展、高、结局,读出情节的紧张、突转、悬念、拖延、曲折等变化。

▶ **片段训练**

等(短小说)

起重机"隆隆"的吼叫沉闷地回响在天空。

又一个月过去了,离春节——那个红艳艳的日子更近了。看着日历边那张儿子的旧照片,他淡淡地笑了。

粗糙的大手,别扭地握住了一支笔,在一张边沿有些破残的、积着一小层灰的纸上,开始"吱吱呀呀"地写字。写写停停,一个个东倒西歪的字总算在反复斟酌后,成了寥寥数十字的家书。粗壮的手指有些笨拙地翻出一个发黄的信封,一张邮票,还有一沓钱。厚厚的,大多是些毛票,二十的、十元的、五元的,还有一些碎票。这些钱,得到邮局去寄。

还没出门,开工的催促声就响起来了。他收了信,掖好钱,三步并作两步冲出了宿舍。工头挺着圆鼓鼓的大肚子站在工地中央。他瘦得像根竹竿似的身材,与工头形成了鲜明的对比,青筋暴起在粗糙的手上,布满皱纹的黝黑脸庞与他的年龄很不相符。风,那样刺骨,穿透着他单薄的外衣,他不禁打个寒战。

工头背着手,大声说:"这个月的工资暂时不发,等下个月一起给。开工吧!"说罢,扬长而去。在工友们一片低低的叹息声中,他干瘪的脸上掠过一丝苦笑。

他又爬上了脚手架,一圈绳索的保护是那么无力,凛冽的寒风刮过,他在半空中一晃一晃的。眼前,是一座即将完工的现代化大楼。

天色渐黑,他才下了脚手架。伴着月光,他艰难地咀嚼着那一如既往干硬的米饭,喝着依旧无味的清汤,脸上却漾着满足的笑……

躺在床上,他默默告诉自己:可不能松劲儿,几张嘴都等着我呢!儿子高三的补习费,不知道还够不够。娘的那个病,再不能拖了。等过年了,她也得添一件新衣裳了……

等到鼾声起时,月光已铺满了他的脸。

他,睡着了……

(上海市桃李园实验学校 七年级 金悦丰)

童话之诵

◇品味特点

童话世界绚丽多彩,天地日月、风雨雷电、山川水瀑、鸟兽虫鱼、花草树木都会有"人"的思想、人的感情、人的性格。其塑造的各种形象、梦幻生活、离奇场景,受到了所有孩子的喜欢。读童话要牢牢地把握作品的基调,运用好"化妆"声音,巧妙地运用如模仿、夸张等技巧和作品中的人物融为一体。

童话富于幻想色彩,其语言简洁,生动优美,情节引人入胜,朗诵时,要语调张扬,表达要生动,充分展示情节的戏剧性。

☻悦诵指津

◎ 诵出个性

童话的情感倾向鲜明,作品中好人与坏人泾渭分明,一看便知,好人总是经历磨难,最后完成自己的使命,实现自己的理想,惩治了坏人;而坏人虽然一时强大,但最终逃不过可耻的下场。所以,朗诵时,一定要有鲜明的爱憎感,适度夸张,以刻画形象,表现故事情节。

◎ 诵出童趣

童话的受众一般是儿童,其情节生动、有趣,道理也浅显明白。朗诵时,要从儿童易接受的心理出发,充分考虑儿童的兴趣。声音造型要轻柔、徐缓,适度口语化。但不要刻意模仿,矫揉造作,要以儿童可以接受的语音、语气、语调来处理作品。

◎ 诵出角色

童话中的人物形象都比较清晰可辨,要展示人物的性格特点,必要塑造人物的鲜明个性。诵读时,充分考虑角色的年龄、身份、地位、性格和爱好。对人物说话的口气,行为举止都要细心揣摩,反复体悟,以准确传递作者塑造的人物形象。

☞片段训练

雪越下越大,街上像铺了一层厚厚的白地毯。

小女孩一整天没吃没喝,实在走不动了,她在一个墙角里坐下来。她用小手搓着又红又肿的小脚,一会儿,小手也冻僵了。真冷啊,要是点燃一根小小的火柴,也可以暖暖身子呀。她敢吗? 她终于抽出了一根火柴,在墙上一擦,哧!小小的火苗冒了出来。小女孩把手放在火苗上面,小小的火光多么美丽,多么温暖呀!她仿佛觉得自己坐在火炉旁,那里面火烧得多旺啊。小女孩刚想伸出脚暖和一下,火苗熄灭了,火炉不见了,只剩下烧过的火柴梗。

她又擦了一根,哧! 火苗有窜了出来,发出亮亮的光。墙被照亮了,变得透明了,她仿佛看见了房间里的东西。桌上铺着雪白的台布,上面放满了各种各样好吃的东西。一只肚子里填满苹果和梅子的烧鹅突然从盘子里跳出来,背上插着刀叉,摇摇晃晃地向她走来。几只大面包也从桌上跳下来,一个个像士兵一样排着队向她走来。然而就在这时,火柴又熄灭了,她面前只剩下一面又黑又冷的墙。小女孩舍不得擦火柴了,可她冻得浑身直抖。无奈之下,她又擦了一根,哧!一朵光明的火焰花开了出来。哗!多么美丽的圣诞树呀,这是她见过的最大最美的圣诞树。圣诞树上挂着许多彩色的圣诞卡,那上面画有各种各样的美丽图画。树上还点着几千支蜡烛,一闪一闪地好像星星在向她眨眼问好。小姑娘把手伸过去,唉,火柴又熄灭了,周围又是一片漆黑。

小姑娘又擦了一根火柴,她看到一片烛光升了起来,变成了一颗颗明亮的星星。有一颗星星落下来了,在天上划出一条长长的火丝。所有的星星也跟着落下来了,就像彩虹一样从天上一直挂到地上。"有一个什么人快要死了。"小女孩说。因为她那唯一疼她的奶奶活着的时候曾经告诉过她:一颗星星落下来,就有一个灵魂要到上帝那儿去了。

小女孩又擦亮一根火柴,火光把四周照得通亮,奶奶在火光中出现了。奶奶朝着她微笑着,那么温柔,那么慈祥。"奶奶——"小女孩激动得热泪盈眶,扑进了奶奶的怀抱。"奶奶,请把我带走吧,我知道,火柴一熄灭,您就会不见的,像那暖和的火炉、喷香的烤鹅、美丽的圣诞树一样就会不见的!"小女孩把手里的火柴一根接一根地擦亮,因为她非常想把奶奶留下来。这些火柴发出强烈的光芒,照得比白天还要亮。奶奶从来也没有像现在这样美丽和高大。奶奶把小女孩抱起来,搂在怀里。她们两人在光明和快乐中飞起来了。她们越飞越高,飞到没有寒冷、没有饥饿的天堂里去,和上帝在一起。

火柴熄灭了,四周一片漆黑,小姑娘幸福地闭上了眼睛。

新年早晨,雪停了,风小了,太阳升起来了,照得大地金灿灿的。大人们来到街上,大家祝贺着新年快乐。小孩们着新衣,愉快地打着雪仗。

这时,人们看到了一个小女孩冻死在墙角,她脸上放着光彩,嘴边露着微笑。在她周围撒满一地的火柴梗,小手中还捏着一根火柴。

——安徒生《卖火柴的小女孩》节选

故事讲述了一个卖火柴的小女孩,在大年夜被活活冻死在街头的故事。朗诵幻想部分时,要整体把握感情基调,要有满怀希望的感觉,以表现小女孩对美好幸福生活的向往之情。声音略扬,音色不宜过亮、过高或者是过响。渴望只是一种"幻想",并非真实。诵读时可多用虚声、气声的方法来减缓速度,使语气变得深沉压抑,营造一种怅惘感。

当小女孩在幻想"有一个什么人快要死了"时,要读出自信,也要读出小女孩悲惨的命运,语调要低。读奶奶曾经对她说的那句话,可适当模仿老年人的慈爱与温和。语气要缓,要读得深沉含蓄。当小女孩害怕最疼爱她的奶奶的幻想要消失的时候,语速渐快,停顿缩短,声音响亮上扬,语气中充满乞求,可略带颤音甚至哭腔。

下列词语要重读:"赶紧""一大把""强烈""高大""美丽""抱""搂"。尤其是读到和奶奶一起飞升时,嗓音要柔和,节奏松紧适度,渐读渐慢,渐读渐轻。读到"去了"时,声音拖长,直至没有声音了,让听众想象小女孩真的和奶奶一起越飞越远了。当读到"她死了,在大年夜冻死了"这一句时,要注意停顿,处理好"慢"节奏,语气凝重,语调低沉,要饱含悲愤的情感,读出小女孩竟然在大年夜被冻死在街头的残酷事实。

课外链接

"中国唐宋名篇音乐朗诵会"带领人们在开怀畅饮"唐宋美酒"的同时,也找回了中华文化的美丽精神。这场集唐诗宋词精华之大成,会聚国内最具实力的作曲家、著名艺术家的盛会自1999年春节首演以来,在全国各地包括香港、北大在内的大城市和高校巡演了近70场,已成为享誉海内外的文化名牌。

参加此次朗诵会的演员除原"唐宋名篇"的熟面孔孙道临、方明、吕中、姚锡娟、张家声、乔榛、丁建华、肖雄、凯丽、吴京安、徐涛外,宋春丽、奚美娟、剧雪三位实力派演员的加盟使得原本星光灿烂的朗诵舞台更加流光溢彩。有着极强声音表现力的表演艺术家吕中在《声声慢》中把黯然神伤的李清照那历经国破家亡、流离失所、年老无靠的悲凉心情表现得丝丝入扣;凯丽以朗诵和歌咏相结合演绎苏轼的名词《水调歌头》;宋春丽朗诵的《春江花月夜》在琵琶古曲的伴奏下,全词一泻而下,可见她深厚的功底及精湛的艺术造诣;听语言表演大师姚锡娟朗诵柳永的《望海潮》,更让人心醉神迷,齿颊生香。

——选自《此中有真意,欲辨已忘言》

第七节 基本功训练

吐字归因技法

这里推荐一部分简单易学的基本功训练方法,供朗诵练习之用,让大家变得口齿灵活、发音准确、吐字流畅、字正腔圆,以助于表达。训练时,一定要按正确的发音部位和发音方法练习。一要注意纠正自己的发声缺点、弱点、毛病;二要发挥自己的长处,扬长避短。

音节分为声母、韵母、声调,也可叫做字头、字颈、字腹、字尾、字身。吐字归音的练习,主要是训练:双唇音、唇齿音、舌尖中音、舌根音、舌面音、翘舌音、平舌音;开口呼、齐齿呼、合口呼、撮口呼;还有就是十三辙训练。

可借鉴绕口令来练习:

绕口令练起来有些绕口,但却是必不可少的练习材料。绕口令的练习,可以强化咬字器官的力度,提高咬字器官的灵活度,同时也可以有效地锻炼呼吸控制能力。初练时应特别注意读音质量,发音要准也要稳。学会打开韵腹,利索收音,做到吐字准确、清晰、圆润。然后由慢到快,逐渐加速,循序渐进。

绕口令练习,既是"练嘴",也是"练心",不可只是图快,忘了"练"是"演"的前提。在训练中,要注意放松,张嘴前要放松喉部、气息下沉;开始后,要呼吸自如,轻松流畅,吐字由慢渐快,慢而不断,快而不乱,内容清楚、感情充沛。

◆ 练声母绕口令

声母的发音过程有三个阶段：成阻、持阻、除阻。声母的发音部位不同,吐字时的着力点就不一样,比如"b、P、m",发音时着力点在双唇,"d、t"的着力点在舌尖,靠舌尖的弹力。

发声母的音时,不要拖长,要咬住再弹开。每段绕绕口令题旁,标有"b、p、m"、"d、t"、"n、l"、"g、k"、"s、sh"等声母字样,标明声母。例如:《八百标兵》旁标有"b、p"的声母,就说明"b、p"字母在练习过程中是重点训练的是双唇音等等。

☞ **片段训练**

八百标兵(b、p)

八百标兵奔北坡,炮兵并排北边跑,炮兵怕把标兵碰,标兵怕碰炮兵炮。

炮兵和步兵(b、p、m)

炮兵攻打八面坡,炮兵排排炮弹齐发射。步兵逼近八面坡,歼敌八千八百八十多。

一平盆面(b、p)

一平盆面,烙一平盆饼,饼碰盆,盆碰饼。

巴老爷芭蕉树(b、p)

巴老爷有八十八棵芭蕉树,来了八十八个把式,要在巴老爷八十八棵芭蕉树下住。巴老爷拔了八十八棵芭蕉树,不让八十八个把式在八十八棵芭蕉树下住,八十八个把式烧了八十八棵芭蕉树,巴老爷在八十八棵树边哭。

哥挎瓜筐过宽沟(g、k)

哥挎瓜筐过宽沟,赶快过沟看怪狗,光看怪狗瓜筐扣,瓜滚筐空哥怪狗。

哥哥捉鸽(g、k、h)

哥哥过河捉个鸽,回家割鸽来请客,客人吃鸽称鸽肉,哥哥请客乐呵呵。

老爷堂上一面鼓(g、k、h)

老爷堂上一面鼓,鼓上一只皮老虎,皮老虎抓破了鼓,就拿块破布往上补,只见过破布补破裤,哪见过破布补破鼓。

◆ 练韵母绕口令

韵母是音节的主要成分,它的发音非常重要。单韵母只有一个音素,比较简单;而复韵母和鼻韵母却有两个或三个音素,并且很多都有韵尾。要特别注意归音问题,发韵母的音时,要求韵腹要拉开立起,韵尾要归音到家。每段绕口令题旁标有"a"、"ao"、"ang"、"ing"等韵母字样。例如《胖娃娃和蛤蟆》旁标有"a"的韵母等等。又如《老老道小老道》一段绕口令题旁标有"ao"的韵母,就说明"a"、"ao"在练习过程中是重点训练的内容。

☞ 片段训练

胖娃娃和蛤蟆(a)

一个胖娃娃,捉了三个大花活蛤蟆。三个胖娃娃,捉了一个大花活蛤蟆。捉了一个大花活蛤蟆的三个胖娃娃,真不如捉了三个大花活蛤蟆的一个胖娃娃。

小华和胖娃(a)

小华和胖娃,两个种花又种瓜。小华会种花不会种瓜,胖娃会种瓜不会种花。

老老道小老道（ao）

高高山上有座庙，庙里住着两老道，一个年纪老，一个年纪少。庙前长着许多草，有时候老老道煎药，小老道采药；有时候小老道煎药，老老道采药。

砸缸（ang）

小光和小刚，抬着水桶上岗。上山岗，歇歇凉，拿起竹竿玩打仗。乓乓乓，乒乒乒，打来打去砸了缸。小光怪小刚，小刚怪小光，小光小刚都怪竹竿和水缸。

课外链接

60年前，李默然刚进入东北文艺家协会文工团，有一次他为大家读报，将"效率"错念成"效帅"，引起哄堂大笑。李默然念白字还不止一次呢！当他把台词"酗酒"读成"凶酒"时，田汉严肃地让人传话为他纠谬。李默然，小学三年级家境贫困辍学做小贩当杂役。他自小痴迷演剧，甚至每天趴墙头偷看剧团排戏，一招一式拿腔拿调模仿，导演发现后惊呼为"天才"。

他晚年回忆道："60年来，我每天都要坚持两三个小时的学习，即使是'文革'期间也未中断。"他自费订阅许多书报刊，称其是"百科全书"，每天坚持阅读。他经常向饱学人士请教，大至一台戏，小至一个字的读音，总要反复推敲研磨，演艺水准日渐增强。

著名戏剧家黄宗江看他演出后为之惊叹："太感人了，这么一个口号到李默然嘴里怎么变得这么感人！"周恩来总理也惊异他竟能把《日出》中的角色演得如此深刻；他首演《李尔王》将"西方朗诵与中国戏曲念白完美结合"，国际莎士比亚学会主席菲利浦·布罗克班克冲上舞台与他拥抱、激动地喊出"你是演出《李尔王》的5国演员中最出色的一个！你是中国的活李尔"。他60年戏剧生涯中出色完成46台话剧、7部电影和5部电视剧，被评为"国家有突出贡献话剧艺术家"。戏剧界普遍叹赞"很少有人能像李默然那样保持这样永久的艺术青春"。

——选自《当众念白字激李默然成朗诵高手》

口部训练技法

◇ 练开合

张嘴像打哈欠，闭嘴如啃苹果。开口的动作要柔和，两嘴角向斜上方抬起，上下唇稍放松，舌头自然放平。做这个练习，克服口腔开度的问题。

◇ 练咀嚼

张口咀嚼与闭口咀嚼结合进行，舌头自然放平。

◇ 练双唇

双唇闭拢向前、后、左、右、上、下，以及左右转圈双唇打响。

◇ 练舌头

舌尖顶下齿，舌面逐渐上翘。

舌尖在口内左右顶口腔壁，在门牙上下转圈。

舌尖伸出口外向前伸，向左右、上下伸。

舌在口腔内左右立起。

舌尖的弹练,弹硬腭、弹口唇。

舌尖与上齿龈接触打响。

舌根与软腭接触打响。

气息训练技法

无气息,声带不能颤动发声;只是声带发声是不够的,气息要源源不断地供声带气,使声音富于弹性和耐久性。吸气后两肋扩大,横膈膜下降,小腹微收。胸腹呼吸法是朗读时应该掌握的方法。这种呼吸法活动范围大、伸缩性强,可以使气息均匀平衡。理想的状态是做到"吸气一大片,呼气一条线;气断情不断,声断意不断"。

❖ 练慢吸慢呼

总体的要求——站稳,双目平视前方,头正,肩放松,像悠悠地吸某种芬芳一样,慢慢吸足气,吸入丹田,腰腹之间有充气感,微收小腹后,保持几秒,缓缓呼出。

呼气时,默诵 xiǎo lán(拼音小兰),一声声渐渐远去;或者数数1、2、3、4……嘴上用力,发音之间勿要闭住声门,切忌跑气换气,数越长越多效果越好。

❖ 练快吸慢呼

快速短促地吸气,并保持一下气息后,缓缓呼出,配合声音,平稳均匀。

◎ 发声练习

巴——拔——把——爸——答——底——大

夸大上声练习:好——美——满——想——仰——场

◎ 换气练习

广场上,红旗飘,看你能数多少旗,一面旗,两面旗,三面旗,四面旗,五面旗……

❖ 练强控之呼

强控之呼需气吸得深,并保持足够量,呼气要均匀、绵长。强控之呼练习要体会膈肌和腹肌的作用,发声的时候气息是应该下沉的。如《乌苏里船歌》和《走上这高高的兴安岭》的拖腔,都是强控之法。

❖ 练弱控之呼

练弱控之呼,可缓慢连续地发出 ai uai uang iang 四个音。提高声调,延长音流,轻轻控制气息。如:花红柳绿(H—uā H—óng L—iǔ L—ǜ)发音时,声母和韵母之间气息拉长,均匀而不断气。

共鸣训练技法

朗诵时,声带上的音量大约占总能量的 1/5,而 4/5 的力量来自发音器官的合理运用。共鸣器可以美化音色,令声音圆润、饱满、优美。学会科学调节共鸣器,可丰富并调节声音色彩,既保护声带,也会延长声带寿命。

共鸣腔有头腔、鼻腔、口腔、胸腔,这四个共鸣腔是最基本的,还有人提出了腹腔共鸣的看法。

欲使声音圆润凝聚,需要改变口腔的共鸣条件。发音时,双唇用力,下巴放松,打开牙关,喉部放松,提颧肌、颊肌、笑肌,嘴角上提。可以通过"张口吸气"或用"半打哈欠"的方法感觉体会共鸣。

❖ 口腔共鸣训练

口腔共鸣发声最主要的一点,是发声的时候鼻咽要关闭,不产生鼻泄漏。通过下列练习大家可以体会一下,诵读的发声一般都在中声区,而中声区主要形成于口腔,其共鸣核心区域在口腔内。

基本都是以开口元音为主练习:

ba da ga pa ta ka

peng pa pi pu pai

普通话的四个声调,准确的叫法是第一声阴平;第二声阳平;第三声上声;第四声去声。我们在进行声音训练的时候,多用阴平声调进行,这样有利于体会声音和气息。

词组练习:

澎湃 冰雹 拍照 平静 抨击 批评……

哗啦啦 噼啪啪 咣啷啷 扑嗵嗵 胡噜噜……

快乐 宣纸 挫折 菊花 捐助 吹捧 乌鸦……

绕口令:

山上五株树,架上五壶醋,林中五只鹿,柜中五条裤,伐了山上树,取下架上醋,捉住林中鹿,拿出柜中裤。

❖ 鼻腔共鸣训练

鼻腔共鸣是通过软腭来实现的,标准的鼻辅音 m,n 和 ng 就是这样发声的。有人觉得鼻音重显得声音好听、有厚度,但是过多的鼻音有如感冒,是不好的。

发 a,i,u 的音,加点鼻腔共鸣体会

加鼻辅音 ma mi mu na ni nu

词组练习:

妈妈 光芒 中央 接纳 头脑……

蓝蓝的天上白云飘,白云下面马儿跑,挥动鞭儿响四方,百鸟齐飞翔。

◆ **胸腔共鸣训练**

胸腔的空间及共鸣能量大,发出的声音有深度和宽度,声音更浑厚、宽广。

"a"元音直上、直下、滑动练习

词组练习:百炼成钢　翻江倒海　追悔莫及

小柳树,满地栽,金花谢,银花开。

◆ **声音弹性训练**

声音具有伸缩性和可变性,这就是声音的弹性。有了弹性的声音才能适应思想感情的变化,也才能适应讲课内容的需要。

声音弹性的训练比较简单,可以用以下两种方法:

◎ *扩展音域,加大音量,控制气息。*

练习时,注意声音的高低、强弱、虚实、刚柔、厚薄、明暗等变化。

A. a、i、u 由低音向上滑动,再从高音向下滑动。

B. a、i 绕音,螺旋式上绕、下绕练习。

C. 远距离对话练习,练习时随时改变距离。

甲:喂——,喂——,小芳——

乙:嗳——

甲:快——来——啊——

乙:怎么了——呀——

甲:一起去看——电——影——吧

乙:好——啊!

◎ *夸张声音,加大运动幅度,用丹田气发声。*

快板是最明显的例子,想象说快板的演员发声的状态,自己找一段快板试试,体会声音的弹性。

课外链接

在众多朗诵者中间,奚美娟朗诵的篇章可以算是最平常的,甚至是为很多人所烂熟的———朱自清的散文《背影》。昨天上午彩排的时候,奚美娟的穿着也是尤为普通,当她走上台时,听得有人嘀咕:"看起来就与任何一个平常的中年妇女一样嘛。"而昨晚正式演出时,当她开口朗诵起"那年冬天,祖母死了,父亲的差使也交卸了,正是祸不单行的日子",观众们也觉得比起众多激越的朗诵,奚美娟朗诵得很平实。

不过,平实并不等于平乏,渐渐地,观众们越来越被吸引。直至她朗诵到末尾的"他用两手攀着上面,两脚再向上缩;他肥胖的身子向左微倾,显出努力的样子。这时我看见他的背影,我的泪很快地流下来了"这段时,奚美娟的泪水落了下来,不少观众也禁不住眼眶潮湿。有观众由衷地感叹:"真没想到,我还会为这篇从小就在课本上读到的文章而感动。奚美娟到底是个实力派的演员,收放自如,感染力真强啊。"

——选自《奚美娟一首〈背影〉两行热泪》

第八节　嗓音保护技巧

为了让声音更加饱满、浑厚,穿透力更强,并有效保护嗓子。在播音学里,有"情取其高,声取其中,气取其深"的说法。发声时,若姿势不正确,下巴太用力、放大嗓子喊、胸部拘谨等,都会导致声音挤、捏、窄,沉闷和喑哑。关于发音时产生的闷声、叫喊、鼻音、挤音和喉音,推荐如下一些方法纠偏。

◈ 嗓音纠偏

◎ 纠闷声

这类嗓音沉闷、无光泽无亮度,不滋润。原因是口腔肌肉松散,牙关紧咬,无共鸣音,听众捕捉不到重音。

纠正方法:加强声母练习,加强开、齐、合、撮四呼练习全面锻炼口腔;练习双唇音 b、p、m 与开口呼韵母,语速放慢,咬字有力,韵腹拉开立起,收好字尾;练四字词和绕口令。

◎ 纠尖音

这类音色尖锐、刺耳、粗糙,常跑音。原因是盲目练习高音,呼吸浅,舌根、颈部、下腭肌肉紧张,喉咙被卡紧。

纠正方法:调整呼吸,练习深呼吸控制,提起软腭,舌根及下腭要松弛。刻意使声音向低沉和宽厚过度。可选择柔和的诗歌、民歌和散文来练习。

◎ 纠鼻音

这类嗓音音色暗淡、枯涩,有鼻腔堵塞感,听起来鼻子不通畅。原因是口腔开合度小,软腭无力,舌中部抬起使部分气流进入鼻腔,口腔共鸣消失。

纠正方法:用半哈欠的感觉将软腭提起,放松舌根、牙关,让后声腔的开度加大;将16个鼻韵母中的主要元音与鼻韵尾作拆合练习:ang-a-ng uan-u-a-n ong-n-g ing-i-ng。注意少练m、n声母开头的音节和n、ng结尾的音节。

◎ 纠挤音

这类嗓音的音色单薄、发扁,声音像从口腔中挤出,造成声音变形。原因是舌根下压、舌根僵硬造成的。也有人吊高喉咙追求高音,产生挤捏变形,破坏了自然音色。

纠正方法:改变不正确的呼吸方法,用胸腹联合呼吸法,使气息达到一定深度。其次,发音时自然张口,下腭放松,抬起软腭,放松牙关。

◎ 纠喉音

这类嗓音的音色生硬、沉重、弹性弱。原因是气息浅,胸部紧张,舌根用力,后声腔开得过大,造成嗓子疲劳损伤。

纠正方法:注意放松喉咙,放松两肩,调整呼吸。发音时,头部不要压低,让音波在口腔中自然流出。用张口吸气或"半打哈欠"的方法来感受舌根和下腭的放松。另外,要加强练习:b、p、m、d、t、n、l和韵母相拼的音节。

❖ 护嗓方法

◎ 坚持锻炼

游泳和长跑是最有效的护嗓方法,增强体力,锻炼气吸,扩大肺活量。

◎ 循序渐进

练声时,声音由小到大、从近到远,从弱到强,由高到低,避免大喊大叫损伤声带。

◎ 保证睡眠

保证充足的睡眠是保护声带的最好措施,精力充沛就可以使我们气息丰满。

◎ 注意禁忌

感冒时,尽量少用嗓,以免声带黏膜增厚,产生病变。女生在生理不适时,禁止练声。

◎ 合理膳食

尽量少吃辛辣等刺激性食物。油腻、甜黏、冷热刺激的食品也是嗓子的冷酷杀手。

◎ 适当保养

中药胖大海加冰糖,金嗓子喉宝、西瓜霜、草珊瑚含片、清音丸等,都是不错的护嗓常用药品。

第九节　朗诵训练作品

◆ 练诵作品一

黄纱巾

文/薛涛

女孩放学要经过一个小小的服装市场。

女孩看见并喜欢上了一条黄纱巾。

女孩停住不走了,呆呆地看。

卖货的是一个中年人。

买下吧,孩子。就剩这一条了,只卖10元。

女孩无奈地摇摇头。钱,女孩没有。

可以向家里要嘛,我给你留着。看得出你很喜欢它。

女孩恋恋不舍地离开了。

整个晚上,女孩都下不了向家里要钱的决心。

最终,女孩也没提要买黄纱巾的事,并发誓永远不提这件事。

家里不富裕,女孩知道。

女孩再走过小市场时,老远就看见黄纱巾还在那儿飘舞着,像一只黄蝴蝶。女孩远远看了一会儿,才慢慢走近。

女孩摇摇头。

中年人抚摸着这条黄纱巾又看看女孩,并想象了一下。觉得女孩与黄纱巾搭配在一起是绝妙的组合,就很替女孩惋惜。

你喜欢它?

嗯。

女孩认真地点点头。

女孩准备离开了,注定买不下它,不如早点儿走开好。

女孩刚走开,中年人已摘下黄纱巾,并追上女孩。

孩子,送给你吧。收下。你围上它肯定好看。

女孩一愣。

不,我不能白收人家的东西。女孩毫不犹豫地说。

收下,是我愿意送的。我自愿的。

不能!那样我会很难受,比得不到它还能受。

女孩跑开了。

女孩又回过头说,反正站在楼上也能看见它。能看见它,就很好了。

中年人立在那儿。

从此,女孩不再从那里经过,注定买不下它,绕开它不是更好吗?女孩写作业累了就往楼下看看,看看那条在微风中舞动的黄纱巾。

许多天过去了,那条黄纱巾仍旧挂在那里。它为什么一直挂在那儿没人买?那条黄纱巾,装饰了女孩的梦。

其实很简单,中年人挂了个标签在旁边。标签上写着:永不出售。

◈ 练诵作品二

小熊奇遇记

上海市桃李园实验学校 六年级 孙钲洋

小熊乘着热气球,不知不觉来到了一片汪洋大海上。那儿的水是彩色的，天上，奇怪的鸟铺天盖地：有长着两对翅膀的大红鸟，也有像Angry Bird 中的子弹鸟一样，飞一般穿梭在云层中的鸟儿。

过了一会儿，鸟越来越稀少了，最后一只鸟也不剩了。小熊觉得非常奇怪，他自言自语道："奇怪，为什么一只鸟都没有了呢？"他把头探出篮子外面，左瞧右看。

突然，一个黑影闪过，以迅雷不及掩耳之势冲向小熊，小熊吓得魂都散了。那个黑影把小熊的热气球给戳破了。热气球像无头苍蝇似的冲到那头，又飞回这头。接着，它泄完了气，笔直的往下坠落。小熊从热气球里栽了出来，眼看就要落到了海里，一只海豚从七彩的海面上跃了出来，稳稳当当地接住了小熊。小熊骑在海豚背上，惊魂未定。

"幸好我来的及时，你没伤着吧？"海豚问道。

"没……没事……"小熊大口大口地喘着气。他往天上望去，那个黑影在他头上盘旋："那是什么啊？"

海豚没回答小熊，只是潜进了海里。小熊非常惊慌，他不会游泳。"我不会游泳……唔……"可是当他跟着海豚一起到了海里，他发现自己竟然能呼吸，还能走。"怎么……怎么回事？"小熊感到彩色的海水似乎在轻轻抚摸着他。

"呵呵。"海豚游到小熊身边，笑着说，"这是七彩海，各种动物都能来做客，我们都会热情地欢迎大家的。"

"哦……"小熊点点头，"谢谢你刚才救了我。可是天上的那个怪东西是什么啊？"

海豚叹了一口气："那是人类的抓捕机器，我们许多朋友都被那个怪物抓走了……"说到这儿，海豚不禁小声抽泣起来了。

小熊看到海豚那么伤心，就安慰他说："没关系，我相信只要我们齐心协力,一定能打败那个大怪物的!"

"可是我们能怎么办呢?"海豚问道。

对呀!人类那么聪明,我能帮上什么忙呢?

怎么办呢?

◇ 练诵作品三

怀念鲁迅

郁达夫

真是晴天的霹雳,在南台的宴会席上,忽而听到了鲁迅的死!发出了几通电报,荟萃了一夜行李,第二天我就匆匆跳上了开往上海的轮船。

二十二日上午十时船靠了岸,到家洗了一个澡,吞了两口饭,跑到胶州路万国殡仪馆去,遇见的只是真诚的脸、热烈的脸、悲愤的脸和千千万万将要破裂似的青年男女的心肺与紧捏的拳头。

这不是寻常的丧事,这也不是沉郁的悲哀,这正像是大地震要来,或黎时将到时充塞在天地之间的一瞬间的寂静。

生死,肉体,灵魂,眼泪,悲叹,这些问题与感觉,在此地似乎太渺小了,在鲁迅的死的彼岸,还照耀着一道更伟大、更猛烈的寂光。

没有伟大的人物出现的民族,是世界上最可怜的生物之群;有了伟大的人物,而不知拥护、爱戴、崇仰的国家,是没有希望的奴隶之邦。因鲁迅的一死,使人自觉出了民族的尚可以有为;也因鲁迅之一死,使人家看出了中国还是奴隶性很浓厚的半绝望的国家。鲁迅的灵柩,在夜阴里被埋入浅土中去了;西天角却出现了一片微红的新月。

练诵作品四

为花开喝彩

上海市桃李园实验学校 周扬帆

它和几盆红扶桑一起被带回来,但却没有别的扶桑长势那么好,总是病恹恹的,像是别的花瓜分了它的生长力似的。

有红扶桑们相互争着开了几轮花后,奶奶注意到了这盆黄扶桑的"柔弱",于是重点关照起它来。

早上浇过水就让它在最好的位置照太阳,晚上起风了就半夜爬起来把它挪进屋子里……

重点关照它的不只有奶奶,还有它边上的"大哥大姐"。所有的扶桑花都约好了似的,从此止于花苞状态,憋得脸红得像被烫了才不得已开花;就连来偷面吃的麻雀也要在它的花盆上停一停,说会儿话,才飞向天空;"对门"的百子莲耐着性子不开花,就不开花,一个花都快枯萎了也不开花,好像就在等黄扶桑开呢。

终于,黄扶桑经不住大家的再三催促,努力挺起腰,抬起头,结出了两个小小的花苞,其实我们这才知道,原来它是黄色的。

奶奶高兴得像女儿出嫁了似的,连搬盆也轻手轻脚的,生怕把好不容易盼来的花苞那么一巴掌弄掉了。阳台四周边麻雀也不再叫唤了,屏气凝神,谁也不愿错过花开那一点点小小的声音。

尽管我们小心再小心,可是"病美人"还是拎不动两个花骨朵儿——一个花苞掉了。

奶奶"哎呀哎呀"地可惜了一整天,可你也不能接它回去呀!

爷爷说另一个恐怕也保不住了,真可惜。

过了两天,准确地说是一天多一点,正在给奶奶打下手洗菜的我突然听见了阳台上的"欢呼雀跃",麻雀围着晒面的盆子又叫又跳,走近一看,是扶桑开花了。阳台上久违了的姹紫嫣红,其中最醒目的黄,便是黄扶桑的花,那场面,热闹极了,可惜我们除了为"乐队"提供食物以外,无法加入它们"鸟语花香"的行列,但快乐是一样多的。

这时,我才想到这才是真正的"喝"和"彩"呀,蓄势已久,这种"喝彩"无论是思想上还是感官上都是很震撼人心的。看来"彩"我是没戏的,不过"喝"应该还可以,我希望可以传达这份喜悦:"恭喜你,黄扶桑。"

◆ 练诵作品五

我 喜 欢 你

上海市桃李园实验学校 颜颖沸

秋日的暖阳透过婆娑的树影,轻浅的秋风悄悄地扬起满地的落叶,轻轻地,你来了。

穿梭于十一月的大街小巷,你的清香令人心旷神怡,你的笑容令人神往,你是秋天的使者,你是飘逸的精灵。你虽然屈居花君子第三,然而,你没有梅花的孤芳自赏与兰花的弱不禁风,你平易近人,你把最灿烂的笑献给人间。

我喜欢你,喜欢你的那份傲骨。虽然你并非"凌寒独自开",但是你有勇气屹立于这个多愁善感的季节。秋天,自古以来便是悲伤的、苍凉的。无情的秋风呼啸着在街头巷尾徘徊,卷走了那树梢斑斓的叶子。但是你,是唯一迎着笑脸、连秋风也不能奈你如何的花儿。你的存在使悲愤变成了欢乐,惆怅化为了喜悦。

我喜欢你，喜欢你的那份谦虚。你是多么美呀，纤细缤纷的花瓣从杏黄色或金黄色的花蕊中翻卷出，碧绿的花梗婀娜多姿，春天的花儿也比不上你的美！可是，你却藏匿于城市喧嚣的角落，或是山间的岩石，或是乡间偏僻的小路旁。你随处可见，却又藏隐在难以寻觅的地方。我知道，那是你不急于表现自己。你不像牡丹，总是显得天生高贵。你只是希望以自己的一点微薄之力滋润凄凉的秋色。

我喜欢你，喜欢你的那份顽强。你很少生在荣华美丽的花盆里，常常在乡村的田野和蜿蜒的山峦中见到你。你的生命力也是出奇的顽强。在秋日过后你便绝迹的泥土中，来春又是一簇花苗。"野火烧不尽，春风吹又生。"你不怕被人践踏，你曾被轧得伤痕累累的身子不久又会重新挺起来！若有顽皮的小孩子摘下你美丽的花朵，你也不吭一声，苦笑一阵，因为你知道：只有经历了风雨才能更健壮！

我喜欢你，喜欢你的无私。人们常常把你采下，泡成花茶，你的这一功能家喻户晓。人们也常常把你的兄弟姐妹洗净、晒干，装进枕套，用作枕头，小孩子睡了清凉明目，老年人枕了身心舒畅。人们也会把你作为浴料来泡脚，特别是冬天，泡了使人通经活血、畅快无比。

就是你，美丽的菊花，闪烁于秋日的季节，渗透于我们的生活。我真希望也能成为你们之间的一员。美丽的菊花，不知你是否同意？

练诵作品六

把羊群赶下大海

西 川

请把羊群赶下大海,牧羊人,
请把世界留给石头——
黑夜的石头,在天空它们便是
璀璨的群星,你不会看见。
请把羊群赶下大海,牧羊人,
让大海从最底层掀起波澜。
海滨低地似乌云一般旷远,
剩下孤单的我们,在另一个世界面前。
凌厉的海风。你脸上的盐。
伟大的太阳在沉船的深渊。
灯塔走向大海,水上起了火焰
海岬以西河流的声音低缓。
告别昨天的一场大雨,
承受黑夜的压力、恐怖的摧残。
沉寂的树木接住波涛,
海岬以东汇合着我们两人的夏天
因为我站在道路的尽头发现
你是唯一可以走近的人;
我为你的羊群祝福:把它们赶下大海
我们相识在这一带荒凉的海岸。

练诵作品七

《孩子,快抓紧妈妈的手》是目前网络上最感人的诗歌之一,大灾之后有大爱,诗歌在此时从原本较为沉默的文体,这时候变成了网上最深切的呼唤和最撼动人心的号召。相信这首诗感动过无数人的心。"加油!2008"节目中奚美娟的全情朗诵,相信您还会再次为之动容。

孩子

快抓紧妈妈的手

去天堂的路

太黑了

妈妈怕你

碰了头

快

抓紧妈妈的手

让妈妈陪你走

妈妈

怕

天堂的路

太黑

我看不见你的手

自从

倒塌的墙

把阳光夺走

我再也看不见

你柔情的眸

孩子

你走吧

前面的路

再也没有忧愁

没有读不完的课本

你要记住

我和爸爸的模样

来生还要一起走

妈妈

别担忧

天堂的路有些挤

有很多同学朋友

我们说

不哭

哪一个人的妈妈都是我们的妈妈

哪一个孩子都是妈妈的孩子

没有我的日子

你把爱给活的孩子吧

妈妈

你别哭

泪光照亮不了

我们的路

让我们自己

慢慢地走

妈妈

我会记住你和爸爸的模样

记住我们的约定

来生一起走

——《孩子,快抓紧妈妈的手》

练诵作品八

孩子,当你还很小的时候,我花了很多很多的时间,教你慢慢地用汤匙,用筷子吃东西;教你穿衣服、绑鞋带、扣扣子;教你洗脸、梳头;教你擤鼻涕、擦屁股……

这些和你在一起的点点滴滴,是多么令我怀念!

所以,当我想不起来、接不上话时,请给我一点时间,等我一下,让我再想一想……极可能最后连要说什么,我也一并忘记,请体谅我,让我继续沉醉在这些回忆中吧!

孩子,你是否还记得,我们练习了好几百回才学会的第一首儿歌?

你是否还记得,你每天都逼着我绞尽脑汁回答你是从哪里冒出来的?

所以，如果我啰啰嗦嗦重复一些老掉牙的故事，如果我情不自禁地哼出我孩提时代的儿歌，请不要怪罪我。

现在，我经常忘了扣扣子、绑鞋带，吃饭时经常弄脏衣服，梳头时手还会不停地颤抖……请不要催促我，不要发脾气，请对我多一点耐心，只要有你在我的眼前，我的心头就会有很多温暖。

我的孩子！

如今，我的脚站也站不稳，走又走不动，所以，请你紧紧地握着我的手，陪着我，慢慢地向前走，就像我当年牵着你一样……

——黄伯平《孩子，请听我说》

❖ 练诵作品九

在儿时依稀的记忆中，我是出生在飘着炊烟的白色毡房，茫茫的大草原啊，是我熟睡时的摇篮、是我嬉戏时的玩伴、也是我学习时的殿堂。养育我的这片土地，我当做自己一样爱惜，沐浴我的这江河水啊，你为何总像母亲的乳汁一样纯香？苍鹰在天穹中寻望，黑色的骏马在肆意飞奔，平顶山下，成群的牛羊，还有你，我天上的草原，还有你那悠扬的牧歌，夜夜伴我入梦乡。我喜欢纵马驰骋，放声歌唱，那就像是回到了传说中的时代，我向往着像我的祖辈那样成为一匹苍狼去周游世界，去看看祖父故事中那无边的海洋。

而现在，我是真的离开了你，来到这陌生的地方，不见了蒙古包，不见了牧场，只为心中一个小小的理想而不停的奔忙。其间有欢笑也有泪水，曾经骄傲也曾经气馁。但是，但是我从未曾后悔呀，因为每当我拖着疲惫的身体入睡时，我发现你那悠扬的牧歌又在我的耳边回响;我发现我的那颗心啊,一直跳跃在绿宝石似的草原上。如水晶般清澈的河水啊,我真的发现,那歌声就像是号角,而那颗心源源不断地给我力量与希望!

腾格里塔拉,我天上的草原,直到现在我才明白,为什么我的祖辈千回百转历经艰险,都要重回你的身旁,为什么我身在异乡总觉得你在不住地把我盼望!

蒙古人,是草原的儿子,草原的儿子就是这样的恋乡啊。

腾格里塔拉,我天上的草原,请你听我讲,我也是草原的儿子啊,我也是草原的儿子啊,我今日所做的一切,就是为了有朝一日,能够重回你的身旁,替你抚去脸上的皱纹,替你驱赶那肆虐的风暴,让你昔日的笑容重新绽放!

等着我呀,我天上的草原,我长生天的故乡,我的亲娘!

——阿姆古朗《天上的草原》

演讲技巧
——中学生演讲宝典

- 演讲技巧之准备篇
- 演讲技巧之写稿篇
- 演讲技巧之语言篇

- 演讲技巧之准备篇

了解：信息直指听众的心

导言

知己知彼，百战不殆。打仗要了解自己和对手，才能鼓舞士气、破敌锋芒。演讲同样也要收集信息，了解听众。唯有了解，才有可能让自己的话语深入人心，富有感召力。

拿破仑的演讲

1793年，以英国为首，与奥地利、普鲁士、撒丁等国组织第一次反法联盟，对法国发起战争。为打破反法联盟，督政府分别向莱茵河地区、易北河地区和意大利北部派出了三支部队。交给刚满26岁的拿破仑的这支部队是半饥饿的、衣衫褴褛的军队，在当时战争中起主导作用的炮兵、骑兵严重不足。过去，这支部队常欠饷，使得饥饿的军队时常发生抢劫和盗窃、反抗和开小差，士气十分低落。

在这样的情况下，拿破仑被任命为总司令，率军远征意大利北部的皮埃蒙特地区。凭着果敢坚定的指挥才能，准确敏捷的判断，灵活机动的速决战，从4月12日到26日的十五天内，拿破仑连续赢得对奥军与撒丁军的几个胜仗，使这支"偏师"赢得了不亚于出征莱茵河等地区的主力部队的声望。

1796年4月26日，在追击溃退的撒丁军途中的凯拉斯科，拿破仑发表了一篇演说《尊重将被你们解放的人们——告意大利方面军》。

"十五天内，你们打了六次胜仗，夺得了二十一面军旗，五十门炮，好几处要塞，还占领了皮埃蒙特最富庶的部分。你们俘虏了一万五千名俘虏，打死了一万多人……"他历数这支军队近日来所取得的辉煌胜利，令人深受鼓舞，极大地激发了士兵们对自己所取得战绩的骄傲与自豪。

紧接着拿破仑用四句鲜明、生动的对比句，以强烈的反差，烘托出士兵们是在极其恶劣和艰险的条件下取得上述辉煌战果的："你们没有炮，却赢得了这些战役；没有桥，却渡过了江河；没有鞋子，却还急行军；你们露宿，可没有烧酒，而且经常没有面包。"语言简洁，朴实无华。寥寥数语反映了拿破仑对部队实际情况了如指掌,表达了他这个指挥官不仅仅了解辉煌战果,还清楚地知道他的部下是处在怎样的艰难困苦中去赢得战争胜利的,这就足以深深打动他的听众,令他们感动不已。

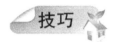

知己知彼,百战不殆。打仗要了解自己和对手,才能鼓舞士气、破敌锋芒;讲课要了解学生,才能服务学生。而演讲,同样也要广泛搜集信息,充分了解听众,唯有了解充分,才有可能让自己的话语深入听者的心,富有感召力。否则,说话、演讲可能是隔靴搔痒,让听众无动于衷。

那么,如何搜集信息、了解听众呢?主要有以下几种:

现场访问。这也是面对面的交谈,是最灵活的了解听众的方法。就像有些经验丰富的老师在课堂上所做的那样,随时向学生提出问题,了解学生对相关知识把握的情况。如果听众人多,可以抽取一定的样本进行提问,因为人们都会彼此影响,个体有时可以代表群体。

问卷调查。问卷可采用选择题、尺度题和开放题等形式。这种形式会让你在最短的时间内了解面前的听众,并且在正式开始演讲时助你有针对性地向听众传递信息。

另外还可采用电话采访、网络调查等方式,可根据情况灵活运用。

年龄：不能说爸爸老了

导言

关注年龄，区别对待。年龄是一个标签，它会告诉你听众想听到什么，能听懂什么，了解了这些才能确保你的演讲有的放矢。

不能说爸爸老了

过年了。老大、老二两个女孩去老姑①家拜年。老姑热情地招待着两个女孩,然后开始拉家常。

老姑问:"往年都是爸爸和你们一起来拜年的,今年爸爸怎么没来呀?"

老大随口说:"爸爸老了。"

老姑原本笑呵呵的脸,忽然收起了笑容。两个女孩却丝毫没有察觉。

不知过了多少日子,有一天,爸爸对两个女儿说:"那天在老姑家,老大对老姑说我老了?"

老大莫名其妙:"是呀,有问题吗?"

爸爸说:"不能说这样的话。老姑是长辈,爸爸是她的晚辈。不能在长辈面前说晚辈'老了',要不会让长辈很难堪。"

老大恍然大悟,老二也若有所思。

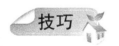

亚里士多德早在两千多年前就说过,无数的研究者也多次承认,没有任何东西比年龄更能够显示一个人的世界观了。每一代人都有或多或少的共同价值观与共同经验,使其与其他年代的人有所差别。举例来说,我们的父母,这一代人通常都无法接受嘻哈文化、刺青和未

---

① 北方人称爷爷的姐或妹为老姑,老姑属于爸爸的长辈,爸爸就是老姑的晚辈了。

婚同居等；同样，对于20岁左右的年轻人来说，样板戏、黑白电视都是早已过去的人和事。不管处在什么年龄段，你都是自己那个时代的产物。你需要明白听众的年龄对于你的演讲来说意味着什么。

假定你在向一群老年人发表演讲，不经意提到了自己的"室友"是一个异性，他们可能会感到不安，也许会在你接下来的演讲中走神。同样，如果你在对80后、90后的年轻人演讲，不假思索地提到或引用样板戏中的某句台词，你本以为他们将会心地笑甚至大笑，谁知他们却无动于衷，根本不知道你谈的是什么。

关注年龄，区别对待。年龄是一个标签，它会告诉你听众想听到什么，能听懂什么，了解了这些才能确保你的演讲有的放矢。

一般来说，两代人之间可能存在的差异，大致有这些方面：

在思想上，上一代比较实际并趋于保守；下一代比较开朗、奔放。

在道德观念上，上一代更为重视传统的道德标准；下一代则很少受此束缚。

在行为反应上，上一代人比较迟缓；下一代比较灵活。

在性情上，上一代比较沉着、谨慎；下一代比较活泼开朗。

在生活态度上，上一代注重实际；下一代比较多幻想。

在用钱上，上一代注意量入付出，合理节约，重视金钱的生活价值；而下一代则常常随心支出，用钱计划性差，不注意节约。

在服装方面，上一代比较重质地，主张大方、朴素、实用；下一代则重时髦，追求时装、款式及色彩搭配。

在交际方面，上一代选友持重，关系多较实用；下一代交际广泛，虽然其中不乏志趣朋友，但目前有较多的青年人还认为"多个朋友多条路,多个仇人多堵墙",所以有时失之泛泛,这为上一代所轻视。

在社会地位上,目前我国大多数青年人的经济地位不高,与上一代人相比,经济力量稍显单薄,除有些走上工作岗位的青年经济上基本独立(遇到重要事件如婚嫁等多数人还需要上代人支助)而外,那些正在学习或待业的青年经济上全部或部分依靠上一代,这导致青年人经济上的被动局面,使正值上升期、心气难免高傲的青年人在处理类似问题易于偏颇,与上代人产生心理摩擦,再则上代人社会经验丰富,责任心较强、处事谨慎细致,在单位及社会上易为人重视,而青年人受到传统观念的限制,常被人当做"嘴上无毛,办事不牢"之辈,未能享受应有的尊重。

在心理上,青年人对新生事物追求与模仿能力很强,但批判鉴别能力较差,如这几十年随着我国对外政策的放宽,促进了国际交流,开阔了国人眼界,青年人吸取国外新东西多,但由于缺少历史的与现实横断面的比较,有些人失之盲目,不论是好是坏,全盘吸收鼓吹,甚至把西方的一些糟粕也当做新潮加以崇拜、模仿,给部分人思想上带来混乱,败坏了时风,以致上一代人对此看不惯甚至讨厌;上一代人较之青年一代,对事情的鉴别力较高,但对当今社会迅速的变革感到有些不适应。

朗诵与演讲

场合:这个孩子是会死的

> **导言**
>
> 　　注意场合,看准对象。"在什么山,唱什么歌。"如果你的演讲内容和主题与场合不符,听众通常就不会集中精力倾听,甚至产生反感。
>
>

这个孩子是会死的

我梦见自己正在小学校的讲堂上预备作文,向老师请教立论的方法。

"难!"老师从眼镜圈外斜射出眼光看着我,说。"我告诉你一件事——一家人家生了一个男孩,合家高兴透顶了。满月的时候,抱出来给客人看,——大概自然是想得一点好兆头。

"一个说:'这孩子将来要发财的。'他于是得到一番感谢。

"一个说:'这孩子将来要做官的。'他于是收回几句恭维。

"一个说:'这孩子将来是要死的。'他于是得到一顿大家合力的痛打。

"说要死的必然,说富贵的许谎。但说谎的得好报,说必然的遭打。你……"

我愿意既不谎人,也不遭打。那么,老师,我得怎么说呢?

"那么,你得说:'啊呀!这孩子呵!您瞧!多么……。阿唷!哈哈!Hehe!he,hehehehe!'"

——选自鲁迅《立论》

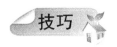

在主人孩子满月、主人合家高兴透顶的好日子,主人蛮想听到许多欢乐吉祥喜庆的"好兆头",不能说主人的想望是没由头奢侈;客人尽情说许多欢乐吉祥喜庆的"好兆头",不能说客人的尽情是没来头谄媚。

在一个大家都高兴透顶的日子,有一个人傻乎乎竟然说"这个孩子将来是要死的",怎么能不触霉头？于是他得到一顿大家合力的痛打,天经地义,理所当然。

鲁迅先生立论的本意我们姑且不论。说话应该审时度势知趣,合乎场景规矩礼数。村言粗语有"拉屎也要看风势",意思大约是不要在人家的上风头拉屎放臭扫兴。拉屎都有讲究,何况说话、演讲呢？

注意场合,看准对象。"在什么山,唱什么歌。"如果你的演讲内容和主题与场合不符,听众通常就不会集中精力倾听,甚至产生反感。

记住,不论你觉得想说的话多么具有价值,如果不能让对方觉得有价值,就没有任何价值。研究说话的对象,就是要了解对方的需要,他想听什么,想得到什么,然后把这些需要转化成清楚明白的话,激发对方倾听的兴趣。

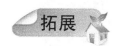

拓展

口才好的人最容易犯的错就是不研究说话场合和对象,讲的话只有自己愿意听。孔子最得意的门生子贡口才很好,能言善辩。有一次孔子带弟子出去讲学,休息时马脱缰吃了人家庄稼地里的麦苗。农夫把马扣下,子贡自告奋勇要去和解。可他说话文绉绉,天上地下大道理一串一串,农夫一句也听不进去。孔子的另一个学生便去解围,他笑着对农夫说:"咱们住得不远,我的马怎么可能不吃你的庄稼呢？说不定哪天你的牛也会吃掉我的庄稼,你说是不是？我们该彼此谅解才是。"农夫听了觉得在理,旁边的几个农夫也互相议论说:"像这样说话才算有口才,哪像刚才那个人,说话不中听。"

选题:非人性的行为

导言

查阅资料,选准主题。让自己的思路放开,全面、有针对性地收集关于演讲主题的材料,再认真思考自己找到的内容,从而使你的演讲主题更准确、更有感染力。

 故事

非人性的行为

佛罗里达大学的洛佩斯,曾经围绕《野生动物比狗和猫更容易成为有趣的宠物》为主题搜集资料。她认真地查询资料,在网络和图书馆花了很多时间。其间,一些资料使她产生了疑惑,那就是关于野生动物捕捉方面的信息。她发现,小黑猩猩和其他猿类几乎都是从它们的母亲怀里被强行夺走的,这些动物妈妈会发出与人类相似的哀嚎声。随后,她又找到了更让人不安的材料。一份资料讲到,动物在运输途中死亡率极高。等她完成资料查询工作时,她的中心论点完全变了。正式演讲时,她的主题变成"将野生动物作为宠物是非人性的行为"。

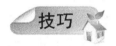 技巧

很多演讲者都把查询资料看成是一种机械式的工作,仅仅是收集一些材料供演讲或论文之用。其实,如果查询资料做得好的话,会给演讲者带来出乎意料的收获,也就是带来创造性和建设性的启发。如果深入思考在资料里发现的内容,你会发现,随着资料的增多,你看待同一个问题的角度就会发生变化。你会发现新的关系,会提出新的问题,会形成新的视角。你脑海里的演讲稿,可以书面成稿了。随着你对演讲主题的了解不断深入,你的脑中会形成一个中心思想,提出要点和论证要点,会试着用各种方法来组织自己的思路,甚至可能会改变原先的观点。

洛佩斯收集资料调整演讲主题的故事启发我们,只有认真查阅资料,深入思考,才能选准主题。让自己的思路放开,全面、有针对性地收集关于演讲主题的材料,再认真思考自己找到的内容,从而使你的演讲主题更准确、更有感染力。

救救胡杨林

在新疆塔里木河沿岸,分布着目前世界上面积最大的胡杨林带。千百年来,胡杨林与塔河相依偎,形成一条绿色长廊,紧紧锁住塔克拉玛干沙漠和库姆塔格沙漠急于扩张的沙舌,守护着南疆各族儿女的家园。然而近些年来,由于塔河流量逐年减少,极度干旱致使大片大片的胡杨林枯死,塔河中下游地区的生态环境急剧恶化。

仲秋时节,记者随"跨世纪保卫绿色行动"采访团赴新疆采访,在位于塔河中下游的巴音郭楞蒙古自治州轮台县和尉犁县境内,只见成千上万株被活活渴死的胡杨伸挺着干枯的枝干,宛如沙漠上站立的"木乃伊",情状甚是惨烈。自治区林业厅的同志介绍说,80年代至今,塔河流域的天然胡杨林面积由420万亩锐减到210万亩。

胡杨林大面积枯死,流动沙丘却在步步进逼。浩瀚无垠的塔克拉玛干沙漠和库姆塔格沙漠东西夹击,蚕食着绿色走廊。在穿越绿色走廊、连接新疆和内地的218国道上,已有近200处约65公里长的路段被沙舌掩埋。来自气象部门的统计表明,80年代,巴州发生8级以上大风的天气年均不到8次;进入90年代,骤然上升到16次以上。1998年4月,一场罕见的沙尘暴席卷巴州和全疆,进而波及北京、南京等地,造成巨大的经济损失。受风沙侵袭,轮台等地的上千农牧民举家迁徙，沦为"生态难民"。

　　消失的楼兰古城、干涸的罗布泊和台特玛湖是面镜子，更是大自然亮起的红灯。它昭示世人：治理塔里木河、拯救胡杨林刻不容缓。

　　近年来，新疆维吾尔自治区相继出台"塔河综合治理规划"等一系列法案，并将天然胡杨林保护列为重点林业工程，不断加大管理和资金投入力度。许多地方多渠道筹资，培育苗圃，植树造林。在巴州库尔勒市和轮台县等地，一片片的胡杨林幼苗已成林。它们是巴州乃至新疆未来的希望。

提炼:汽车被窃风波

导言

提炼经验,现身说法。任何人都有一技之长,人们通常在自己最熟悉的话题上谈得最好。所以,尽量利用自己的知识和经验思考演讲课题。

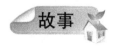

汽车被窃风波

美国曾经发生过这么一件事:一位初次演讲的人选了一个话题,介绍美国华盛顿的风貌。由于他对华盛顿并不熟悉,因此去买了一份旅游指南之类的小册子。他把这些材料略加整理便去演讲了,结果自然是不言而喻的。

两周以后,这位演讲者的汽车不慎被窃。但报案之后,警察表示对这种多如牛毛的案件无能为力。懊恼之中,他回想起一周前,自己的汽车因在路上多停了15分钟而被警察罚了款。对比之下,警察对善良的民众犹如凶神恶煞,而对那些鼠窃狗盗之辈,却无能为力。

这激起了他强烈的愤怒,于是就以此为选题,又参加了演讲。这前后两次演讲,他判若两人。那次介绍华盛顿风光的演讲,他说话如同挤牙膏;这次却相反,说起话来口若悬河,滔滔不绝,满腔的愤怒喷涌而出。他之所以前后不同,是由于他对后者比前者熟悉,有切身的体会。

大部分人最擅长的还是自己熟悉的话题,人们都是基于自身的知识和经验来思考问题的。但很多人会说,我的身上什么话题也没有,我过得无比平凡,从没做过任何一件令人惊奇的事,如何让别人对我产生兴趣呢?

事实并非如此,只要用心观察,你会发现很多小事都可以用在演讲中,就像上文提到的那位演讲者一样。生活中充满了感激、愤怒、美好和欺骗,因为生活本身就富于戏剧性,所以你要做的就是发掘这些容易被人遗忘的故事。

如果是从自己的经验当中选择一个演讲课题,你可能会受到诱惑,准备消除其中的个性化成分,仅仅依靠从书本中挑出来的事实和数据。这种外在的信息几乎总是必要的。但是,如果使其带上个人的特点,一定会使你的演讲具有更强的生命。

任何人都有一技之长,不管是汽车修理还是烤核仁巧克力饼干,人们通常在自己最熟悉的话题上谈得最好。所以,尽量利用自己的知识和经验思考演讲课题。

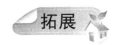

有位演讲者,是美国的一个学生。因为深受糖尿病之苦,所以他做了一个选择,准备讲卫生,讲人们如何在日常生活当中与这种疾病和平相处。他引述了美国糖尿病的统计数据,列出了这种病的症状,然后讲如何处理这种病。他在演讲的各个阶段,都通过自己的个人经验来解释自己的观点。

下面是这位同学演讲的一部分:

人得了糖尿病,那可真是一件难事,弄不好会很麻烦。从我个人来说,我尽了自己最大努力,不要让这种病影响自己的生活方式。去年,我花九个月时间在中美洲和南美洲旅行。那次旅行令人难忘,但是,我也有过非常可怕的一次经历,这次经历一定会让大家明白,糖尿病人有多么脆弱。在巴西的亚马孙河上,我们一连行进了两个星期,到了第五天,我们的独木舟翻了,所有东西全都泼进了河里。

虽然我的背包找回来了,但是,其中的一部分内容——包括我的胰岛素在内都被河水吞没了。没有胰岛素，我就不可能吃任何东西。如果吃东西的话，我的血糖水平上升极高，最后会痉挛起来，然后昏迷，最后死掉。我们顺着亚马孙河退回，走了三天才到了第一个村庄，到了那里，我才能够通过无线电得到更多药品。我热得不行，很饿，但还是活了下来。

这篇演讲有色彩，有感情。演讲人利用自己的经历传达了他的想法，比他利用任何材料都更有意义一些。

例子：图坦卡蒙陵墓之谜

导言

例子简短，揭示道理。简要的事例如果运用得好，就不只是一个例子，还可能是一个观点、一个话题、一个中心。

 故事

图坦卡蒙陵墓之谜

英国人霍德华·卡特是一位学有所成的埃及考古的考古学家,醉心于考古。他将一座座被盗空的金字塔的主人与保存下来的埃及古文献对照研究,发现有一位法老——年轻早逝的图坦卡蒙的陵墓没有被任何人发现,很有可能是隐藏在帝王谷的地下。

在一位富翁的资助下,从1917年至1921年,他组织了两次大发掘。他调用人工搬走了30万吨沙土砾石,但一无所获,卡特重新确定目标,将发掘重点转移到"小坑"附近。1922年11月24日至1923年2月,随着一个个新的发现,卡特揭开了千古之谜:图坦卡蒙法老的尸体就放在那具全世界最贵重、最漂亮的黄金棺材中。

人们从图坦卡蒙陵墓中共搬运出5000多件璀璨夺目的金银器、玉石、珍宝、雕塑工艺品以及食品、服装、武器、壁画。众多专家学者花了十年的时间才将这批罕世珍宝清理完毕。

图坦卡蒙陵墓之谜被卡特揭开了,但是新的谜团随即产生。

当卡特等人在五光十色的珍宝前惊异得目瞪口呆时,他们又有一个不安的发现——在珍宝旁的一块泥塑板上刻着一行字:"死亡将张大翅膀扼杀任何敢于扰乱法老安宁的人"——这就是著名的"法老的诅咒"。在房间的另一边有一尊神像,神像上刻有一行字:"与沙漠的酷热相配合而迫使盗墓贼逃之夭夭,并专司保护图坦卡蒙陵墓之职者正是我。"

进入墓穴后,一只蚊虫在卡特面部叮了一口,当时,卡特并未在意。不久,被蚊虫叮咬的地方开始红肿、发痛。在连续高烧中,卡特绝

望地连声叫喊:"我听见了他呼唤的声音,我要随他去了!"一天后,卡特气绝身亡。

接下来,神秘的死亡事件接连不断。在短短的 3 年零 3 个月中,先后有 22 名与发掘图坦卡蒙陵墓有关的人神秘死去。

难道世界上真有应验的"法老的诅咒"?这个新的谜团将留给未来的人们去研究、去探索。

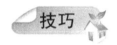

关于图坦卡蒙陵墓之谜的故事,有人写成了一本书,有人描述为几万字的故事,上文则进一步凝缩为大约七百字的介绍。而如果一个演讲者需要引用这个例子来说明考古学家的生活,那就可能要更加简要地凝缩为几十个字了:

"当考古学家于 1922 年打开了图坦卡蒙法老墓的封印时,他们发现了令人震惊的宝藏——价值连城的古埃及艺术品,3000 年来尘封于地下,无人问津。"

进而引出自己的看法:"考古是一门乏味、繁琐的工作,需要艰苦的研究,只有非常偶然、非常稀少的机会,考古学家才会有惊人的发现。"

例子虽简短,却能揭示道理。简要的事例如果运用得好,就不只是一个例子,还可能是一个观点、一个话题、一个中心。

使用简要事例的另一种方法是一个接一个地举例,直至达到你预期的效果。

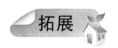

拓展

古罗马著名哲学家西塞罗是罗马共和国后期政坛上的风云人物。他的成名,所依靠的既不是显赫荣耀的门第,也不是堆金积银的家产,更不是决胜千里的将才,而是势若悬河的雄辩演说。真正奠定他在罗马至高无上的演说家地位的,是他在公元70年的一次演说,也就是对威勒斯的控告。在演说中,他罗列了威勒斯任职期间的罪状:

"他虚耗国库,欺骗并出卖一位执政官,弃职逃离军队使之得不到补给,劫掠某省,践踏罗马民族的公民权和宗教信仰权!威勒斯在西西里任总督时,罪恶满盈,使他的劣迹遗臭万年。他在这期间的种种决策违反了一切法律、一切判决先例和所有公理。他对劳动人民的横征暴敛无法计算。他把我们最忠诚的盟邦当做仇敌对待。他把罗马公民像奴隶一样施以酷刑处死。许多杰出的人物不经审讯就被宣布有罪而遭流放,暴戾的罪犯却用钱行贿得以赦免。"

这一个个简短的事例,用排比句的形式一气呵成,使得演说气势如虹,具有强大的震慑力,不仅征服了听众,而且征服了威勒斯的辩护人,使之放弃辩护行为。最后威勒斯受到了惩处。

数据：100多条未接来电

导言

客观数据，震撼人心。充分的实例会使演讲可信、真实，但是客观的数据更能使这些实例和演讲主题深入人心。

 故事

巴西夜总会大火

巴西南里奥格兰德州圣玛丽亚市中心一家夜总会2013年1月27日凌晨发生火灾，警方已确认有245人死亡，数百人受伤，多为16～20岁的青年学生。

安全逃离火灾现场的女大学生塔伊内在接受当地电视台采访时说，发生大火后，夜总会内充满黑烟，人们拥挤着向门外跑，不少人倒在地上被踩踏。她当时离出口不远，只用了两分钟就跑出夜总会。但她还有3名同学生死不明。

火灾发生时，夜总会正举行一场大学生聚会，参加聚会的是圣玛丽亚联邦大学的学生。27日凌晨2时30分左右，舞台上演出的一个乐队成员燃放烟花弹时引燃了屋顶的隔音材料。火势迅速蔓延，夜总会顿时充满黑烟。由于夜总会只有一个出口，人群在逃离夜总会时发生踩踏，造成大量人员伤亡。

据介绍，这家名为"吻"的夜总会是当地青少年和大学生喜爱的娱乐场所，最多可容纳2000人。

据巴西当地媒体报道，火灾事发时还有逃离时间，但夜总会保安以为学生突然大量涌出是想落跑逃单，不肯放他们出门。直到发现事态严重后才紧急开放出口，但为时已晚，造成大量伤亡。参与救援的消防员也证实称，当时情形紧急到通过凿开后墙救出学生。

"救命"——这是一条从"死亡之吻"里面发出的微博，微博的主人是一名女大学生，随后她的亲友回复了上百条却再也未见她回复了……

很多青年尸体被拉出来放在地上，身上的手机都响个不停，一名消防队员从一名男大学生的遗体上打开他的手机，发现里面有 100 多条连续从妈妈打来的未接来电……

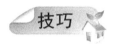

这个新闻故事，令人震惊、心情无比沉重。那位发微薄求救的女大学生，再也看不到那亲友们撕心裂肺的上百条回复了；那位向儿子连续拨打了 100 多次电话的妈妈，已陷入怎样惨痛绝望的崩溃之中。

假如你倡议有关部门加强对娱乐场所的安全监管力度，为此你可以搜集类似上面的这样的例子，尤其注重数据搜集。统计数据的主要价值是让观点具备数字化的准确性。尽管具体的事例可使问题历历在目、活灵活现，并以个性化的用语使人受到震动，但是，很多时候听众仍会怀疑，到底有多少人受到所说问题的影响。在这样的情况下，你应该求助于统计数据。研究显示，如果所举的例子有统计数据紧随其后，该例子的可信度、感染力就会大大增强。

客观数据，震撼人心。充分的实例会使演讲可信、真实，但是客观的数据更能使这些实例和演讲主题深入人心。

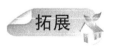

盘点国外娱乐场所的火灾事故

2003 年 2 月 20 日，美国罗得岛州西沃威克市的一家夜总会发生火灾，造成至少 95 人死亡、180 多人受伤。

2004 年 12 月 30 日，阿根廷首都布宜诺斯艾利斯的一家夜总会因燃放烟花引发火灾，造成 194 人死亡、1432 人受伤。

2005年9月5日,位于埃及首都开罗以南120公里的贝尼苏韦夫的一个文化中心剧场发生火灾,造成至少31人死亡、35人受伤。经调查,大火由演员碰倒蜡烛引起。

2009年1月1日,泰国首都曼谷一家夜总会在新年午夜时发生火灾,造成至少62人死亡、200多人受伤。

2009年12月5日,俄罗斯彼尔姆边疆区首府彼尔姆市"瘸腿马"夜总会发生重大火灾事故,共造成110多人死亡,120余人受伤。

2013年1月27日,巴西南里奥格兰德州圣玛丽亚市中心一家名为"吻"的夜总会发生严重火灾,造成233人死亡。此外,还有106名伤员正在医院接受治疗。这是巴西近50年来在火灾事故中死亡人数最多的一次。

操练:德摩斯梯尼的阴阳头

> **导言**
>
> 心无杂念,反复操练。不断的练习应该是所有成功的必由之路。只有通过反复的练习,才能使演讲者最后昂起头,勇敢地走上讲台,拥抱热烈的掌声。
>
>

故事

德摩斯梯尼的阴阳头

这是古代大演说家、民主政治家德摩斯梯尼的故事。

在古希腊，谁能登台演讲，这个人物简直就是这个城堡的领袖，那是了不得的！

德摩斯梯尼第一次登台演讲的时候，他希望的是掌声，他希望的是笑声。最后，没有笑声，倒有了掌声——鼓倒掌！而且，听众把他哄下了台去。因为他讲得实在是糟糕透了。他讲着讲着肩膀就往上耸。你想，一个演讲者，耸肩膀这个姿势多难看呀！再接着往下讲讲，他的气又不够用了，说着说着就要长出一口气。请你再想一想，这一长出气的时候，这个形象又是什么样呢？底下的观众不把他轰下台去才怪呢！

但是，就算被轰下台，德摩斯梯尼也没有气馁。他回家以后，给自己剃了个阴阳头，以示再也不出去，把所有的书籍都找来，拼命地读书与练习说话。

为了克服自己耸肩的毛病，他把屋棚上吊了两个宝剑，剑尖正好对着自己的肩膀，如果一耸肩自然就扎着他了，逼着他不耸肩。经过这样长期的练习，耸肩的毛病被克服掉了。

说话不清楚，怎么练？他找一个小鹅卵石含在自己的嘴里。他本来说话就不清，再含着鹅卵石就更不清了。但经过艰苦的努力和训练，最后含着鹅卵石说话都非常清楚。那么，试想吐出鹅卵石以后会怎样呢？那简直达到炉火纯青的地步。

气不够用，怎么办？他边朗诵诗歌，边往山上跑。

演讲技巧

最后，三个毛病都克服掉了。

他的内功有了，有了丰富的学识和思想见地；他的外功也有了，口才练成了。当他再次登台演讲的时候，他吐字清晰而明快，态势雄健而有力，慷慨陈词，气势逼人。人们的掌声暴风雨一般地响起来。

最后，他的四十篇演说，永远垂于历史。

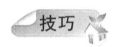

无论你学了多少理论，看了多少演讲方面的书，当你初次面对众多听众时，或初次遇到自己的对手时，几乎都会感染一种情绪——恐惧。罗宾逊教授的《思想的来源》一书中有这么一段话："恐惧的产生是因为对所接触的东西的无知或不确定。"换句话说，这是对自己缺乏信心的结果。无知导致没信心，没信心引发恐惧，恐惧导致手足失措、毛病百出。

其实，你缺乏的不是勇气，而是你不知道自己实际上能做些什么，是什么限制了你的能力。当你取得了成功的经验之后，这种恐惧就会消失得无影无踪，正如阴霾的天空突然出现了阳光一样。而要获得这些，你就应当努力训练，就像德摩斯梯尼所做的那样，练习！练习！再练习！

心无杂念，静心操练。不断的练习应该是所有成功的必由之路。只有通过静心的练习才能使演讲者最后昂起头，勇敢地走上讲台，拥抱热烈的掌声。

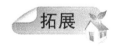

西奥多·罗斯福的自传里，总结了自己通过无畏训练克服恐惧的

方法。

　　以前，我一直是一个体弱多病、行动笨拙的男孩。作为一个年轻人，刚开始演讲时，我对自己的才能感到紧张和怀疑。因此，我不断地锤炼自己，无论是在身体方面，还是在精神方面……后来我读了马里亚特的一篇文章，从此一个信念深深烙在我的心里。书里的一段讲的是，几艘小型英国军舰的舰长解释无畏的品质是如何获得的。他们讲到:"每个人在行动开始时都会感到紧张，但只要行动起来，就会使自己无畏地去行动。当这种情况持续一段时间后，故作的无畏就会转化成真正的无畏。凭借这种无畏的训练，一个人就会变得真正无所畏惧了。"这就是我恪守的方法。最初，我害怕许许多多东西，从灰熊、烈马到持枪歹徒，但通过无畏训练，我逐渐克服了这种恐惧心理。如果人们选择了这种方法，那么，他们也会与我一样。

朗诵与演讲

演讲技巧之写稿篇

扣题:纪念会上做广告

导言

紧扣主题,抓住听众。一个善于演说的人,往往要通过自己的演说,表达既定的方针和计划。为此,在演说之前要简单扼要地写出演说提纲。

 故事

纪念会上做广告

欧文是美国弗吉尼亚州的一位成功开发商,在一次纪念马丁·路德·金的活动上,他应邀作最后的发言。在人们纷纷回顾了这位伟大的黑人领袖的光辉一生后,欧文的发言令大家愤怒不已,因为他在演讲中只是极少地提及了这位美国民权运动领袖,而在大部分时间里都在说自己的房地产项目。

如果是在其他场合,欧文的话不一定会引起如此愤怒的反馈。但是,本次活动在人们心中是纪念和致敬的仪式,几乎没有人会希望听到商业活动的宣传。让听众生气的不是欧文所说的话,而是他想利用这个时机来达到个人目的。

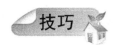 技巧

作为一个演讲者,应该自始至终把握演说的主题,小心谨慎地按照既定的演讲主题去陈述,不然的话,听众会兴趣大减甚至严重不满,而你的演说肯定是劳而无获、适得其反了。

因此,若想在演说中紧扣主题,首先必须训练自己紧扣主题的演说技巧。一个善于演说的人,往往要通过自己的演说,表达既定的方针和计划。

为此,在演说之前简单扼要地写出演说提纲,你就能够非常清楚地知道自己所要讲的内容,哪怕这份提纲只有三言两语,也能为你在演说中紧扣主题作最好的提示。若是台下听众的素质很高,你就更有

必要事前拟好提纲。

拟好提纲后,在提纲中附上序文,形成一副有形的骨架,这样,演说时你无论怎样添枝加叶地加以发挥都不会跑题,势必在听众中形成强而有力的呼应。

下面是一篇题为《幸运儿与弄潮儿》的演讲简要提纲:

1. 所有的幸运儿都是从弄潮儿发展而来的。

可以说王宝强的例子,他们总是说他很幸运,其实你了解他的奋斗史就可以发现,他其实是怀着一颗弄潮儿的心态。

2. 所有的弄潮儿都是幸运儿。

主要强调:审时度势,抓住机遇,勇于挑战自己,勇敢争取就会成功。

3. 最后总结,无论是弄潮儿还是幸运儿,都无非是告诉我们成功的两个方面:要坚持不懈的努力,还要勇于坚持。

特别提示:若多一些排比句和反问句,气势会很强的。

观点：我最佩服谁

导言

观点正确，合乎情理。所谓观点正确，是指确立演讲的主题、意向要符合客观规律，接近真理。所谓合乎情理，就是符合人类普遍的价值观和情感需求。

我最佩服谁

有一位同学参加演讲,主题是"我最佩服的人",他说最佩服的人是希特勒,理由是,希特勒带领德意志民族,从一战失败的阴影中走出来,振奋了民族精神,找回了国家的尊严。

这个观点,从局部看不能说没有道理,但他忽视了一个更加显而易见的事实:希特勒宣扬种族优劣论,称自己的民族是最优等的民族,别的民族是劣等民族,从而去侵略、迫害、洗劫其他民族,尤其对犹太民族企图残忍地赶尽杀绝。他已经从一个民族英雄,蜕变成了超级恶魔,对全人类犯下了滔天罪行。

对于这样的一个恶魔,如果还要佩服他,那就是在宣扬危险的价值观了。

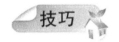

演讲要观点正确,合乎情理。所谓观点正确,是指确立演讲的主题、意向要符合客观规律,接近真理。

要做到这一点,就要学习和掌握理论和知识,不断提高自己的理论水平和政策水平,努力提高自己的道德水平和精神境界。只有这样,演讲才能符合时代的需要,符合基本伦理的规则,受到听众的欢迎。

一位高中语文老师,常常在课堂上发表即兴演讲,宣扬庸俗的读书成才观,后来其观点流传到网络,引来了全社会激烈的争议,批评、谴责之声如洪水涌来,认为他在误导学生的价值观、爱情观和人生观,不适合做老师。面对这么巨大的社会压力,校方只好解聘了这位教学水平很高的老师。

这个例子告诉我们,观点正确,是演讲的重要前提,否则可能误人又误己。

拓展

布朗基,法国近代无产阶级的政治活动家,革命家,空想共产主义者。这是他1848年2月针对法国临时政府拒绝在市政大厅上空悬挂红旗所作的讲演。

我们现在不是生活在1793年了!而是生活在1848年!

三色旗不是共和国的旗帜;它是路易·菲利浦和君主国的旗帜。

正是这面三色旗指挥了特朗斯诺南大街、韦斯郊区和圣埃蒂安的大屠杀。它曾多次沉浸在工人的血泪中。

人民在1848年的街垒上高高地举起了红旗,正像他们曾在1832年6月、1834年4月、1839年5月在街垒上举起过红旗一样。这面旗帜经历过胜利的失败的斗争,今后它就成了人民的旗帜。昨天,红旗还光荣地在我们的大厦前面飘扬。

今天,反动派无耻地把它扔到污泥中,并且胆敢诽谤污蔑它。

有人说,这是一面血的旗帜。它是用先烈的鲜血染红的,先烈的鲜血使它成了共和国的旗帜。

红旗倒下对人民是一个侮辱,对先烈是一种亵渎。市卫队的旗帜将会盖上先烈的坟墓。

反动派赤膊上阵了。人们再一次认清了它的凶恶面目。保卫党分子跑遍了大街小巷,进行破口辱骂和恫吓,撕掉公民身上佩带的红色领章。

工人们！你们的旗帜倒下去了，你们听着，共和国不久将随着红旗倒下去。

态度:16 岁少女独自环球航海

导言

态度鲜明,毫不含糊。所谓态度鲜明,就是说演讲的主题要明确表示爱什么,憎什么,赞成什么,反对什么,态度明朗,旗帜鲜明。

16岁少女独自环球航海

粉色帆船,粉色T恤衫,粉色心情,澳大利亚16岁少女杰西卡·沃森独自驾驶帆船航行210天后,2010年5月15日驶入澳大利亚悉尼港,完成环球独航。沃森未获权威机构认可,但媒体认定她是不间断环球航行的最年轻航海者。

悉尼时间15日14时(北京时间15日12时),沃森驾驶帆船"埃拉的粉色小姐"号驶入悉尼港。

她挥手向早早等候在那里的数千名"粉丝"致意。这时,百余艘帆船同时驶向"埃拉的粉色小姐"号,簇拥它直至岸边。

沃森最后把帆船停靠在悉尼地标建筑悉尼歌剧院前的码头。这是沃森连续航行210天来首次"登陆"。

沃森去年10月18日从悉尼出发,经新西兰以北海域,再南下绕过南美洲合恩角,横渡南大西洋,绕过非洲好望角返回澳大利亚,环球航程2.3万海里。

过去7个月,沃森,这个来自昆士兰州的女孩,独自与12米高海浪抗争,独自忍受思乡之苦和批评者的质疑。沃森出发前,不少反对者说她不够成熟,欠缺航海经验。但沃森父母支持女儿,认为自8岁起开始海上航行的女儿已经做好准备。

看到女儿的帆船驶过终点线,沃森的母亲朱莉·沃森含泪告诉媒体记者:"她说过要环球航行,她做到了。她回家了。"

澳大利亚总理陆克文当天来到活动现场,面带微笑拥抱沃森,称赞她是"澳大利亚的最新英雄"。

面对总理，沃森却说："其实，我不赞同总理的看法。"这番话引得场下人群一片欢笑。

沃森接着说："我没把自己视为英雄，我只是一个普通女孩，一个相信自己梦想的女孩。"

"想做成一件令人震惊的事，你不必是一个特殊的人，"沃森说，"你只需一个梦想，坚信它，为它努力奋斗。没有什么不可能。"

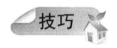

沃森独自驾驶帆船，完成了环球航行的壮举。之前，沃森花了几年时间，为这一刻做准备，多年致力于实现她的梦想。然而，你很难想到，就在8个月前，她与63000吨货轮相撞。在决定独自环游全球之前，她历经多次失败，但她从未放弃自己的梦想，她昂着头，继续前进。她在航行中遭遇飓风、巨浪，甚至还有危险的冰山，她在茫茫大海中是极端孤独的，看不到陆地，也没有任何人的帮助。然而她心中有着真正的勇气、胆量和决心，最终她用自己的行动证明，我们能够过上我们想要的生活，有梦就要勇敢去实现。

而沃森航海归来后当众的即兴演讲，旗帜鲜明地表达了自己的人生态度："想做成一件令人震惊的事，你不必是一个特殊的人，你只需一个梦想，坚信它，为它努力奋斗。没有什么不可能。"

所谓态度鲜明，就是说演讲的主题要明确表示爱什么，憎什么，赞成什么，反对什么，态度明朗，旗帜鲜明。如果缺乏态度鲜明这一点，人们就很难知道你到底想说些什么，因而也就不能引起人们足够的重视，结果使演讲失去应有的效应。

拓展

下面是《执行力决定成败》演讲中的结尾：

有人把执行的原则归结为48字真经：

结果提前，自我退后

锁定目标，专注重复

认真第一，聪明第二

决心第一，成败第二

速度第一，完美第二

胜利第一，理由第二

先说"结果提前，自我退后"，我们回忆一下中国历史上最具长远眼光和执行力的伟人——邓小平，他让人印象最深刻的三句话"让一部分人先富起来"，"不管黑猫白猫，抓到老鼠就是好猫"，"发展才是硬道理"是强调结果的最好诠释。

第二句话："锁定目标，专注重复"，六小龄童的眼睛为什么有神？很少人愿意反复地做同样的工作，这也是中国人的职业化程度不高的表现。

"认真第一，聪明第二"，是特别针对我们很多人缺乏认真的态度的。

对于成败，华为一句口号"胜则举杯相庆，败则拼死相救"说的就是"决心第一，成败第二"。

任何问题永远都有更好的对策，但市场机会却会转瞬即逝，所以美国吉百利公司的CEO强调"准备、发射、瞄准"，这与我们强调的"速度第一，完美第二"有着异曲同工之妙。

最后一点"胜利第一，理由第二"强调的是一旦决定的东西，就要不折不扣地执行，而千万不能为自己找借口。

我们都知道,管理既是科学又是艺术,几乎是每天都有新的管理理念和管理方法在诞生。如今,执行力也作为一个重要的课题摆在了组织的面前,但这绝不仅仅是一个口号,它需要从管理者到员工每一个人的身体力行。因此,如何提高执行力?答案很简单:

从现在就亲自做起!

立意：《赌》不是鼓励读书

导言

只有立意深刻，才能发人深省。立意深刻，是指演讲者确定的主题能透过事物的现象，挖掘事物的本质，揭示事物的规律，从而具有相当的思想深度和启迪意义。

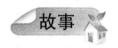

契诃夫的短篇小说《赌》故事梗概

一个银行家和一位年轻律师打赌,要是律师能在一间囚室里待上十五年,银行家愿意支付他两百万赌注。

于是,一场为期十五年的赌赛开始了。他们立了契约,那位年轻律师住进了一间房子,需要什么东西,只要写张条子放在窗口,银行老板就会派人替他送去。他在屋里静静地读书,先是轻松的读物,然后是古典作品,再后来研究语言、哲学和历史,能用六种文字给银行家写信。十年之后,只读一本《福音书》,整整读了一年。接着读宗教史和神学著作,最后两年是不加选择,读了很多的书。

然而,奇怪的是,当那位文化人读了近十五年的书快要期满时,他经过一番深思,居然不要那笔巨款,毅然逃离了那间房子。

读了上面的小说,不知你有什么看法?

也许你会觉得:知识比金钱更重要。理由是:这个在囚室里待了十五年的人,通过读书收获了丰富的知识,他觉得远远超过了那两百万卢布的价值。

也许你会想到:书让生命战胜了孤独。理由是:十五年与世隔绝的生活,是任何人都难以忍受的。小说的主人公之所以能忍受,是因为有书的陪伴。读一本好书,就是和高尚的人谈话;囚室里有许多好书,就相当于高朋满座,自然就不觉得孤独寂寞了。

如果进一步挖掘,你也许还会想到:《赌》不是在鼓励读书,而是在证明无期徒刑比死刑更残忍。理由是:十五年的自愿囚禁,使这个人丧失了对世间一切美好东西的留恋,爱情、亲情、自由、梦想、幸福、智慧,对这个人来说都毫无意义了。由此证明小说开头银行家提出的一个观点:无期徒刑比死刑对人来说更不道德。

如果结合作者契诃夫的生平和价值观来看,你也许会有更进一步的发现:作者深刻地嘲弄了人生和金钱。在一个真正的基督徒心中,"这些宁愿舍弃天国来换取人世的人"是把谎言当成真理,把丑看作美,是丧失了理智,走上了邪道。

由此可见,只有深入开掘,才能立意深刻,发人深省。所谓立意深刻,是指演讲者确定的主题能透过事物的现象,挖掘事物的本质,揭示事物的规律,从而具有相当的思想深度和启迪意义。这样的立意,往往准确而深入地把握了事物的个性、共性及规律性,有独到之处,因此备受听众青睐。相反,那些立意肤浅的演讲,浮在表面,蜻蜓点水,只会让听众生厌,鄙而远之。

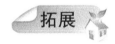

拓展

在一节演讲与口才课上,口才培训教练让学员们就"阎崇年吃耳光"事件发表演讲。一位年轻学员在《都是冲动惹的祸》的演讲中,有这样的片段:

一个30来岁的年轻人当众甩一位70多岁老人的耳光,就好比孙子跟爷爷动粗,就算有天大的理由,终归是"忤逆"一个。不过仔细想想,这也没什么大惊小怪的。现在的有些年轻人喜欢玩个性、耍脾气,动不动就来粗的。其实,这都是冲动惹的祸啊!

平心而论,这位学员的演讲语言流畅,态度鲜明,立意也正确,但致命的不足是主题不深刻。演讲者把年轻人掌掴阎崇年的原因归为"冲动",显然是一种浅层、笼统的认识。这些见解都是听众耳熟能详的,等于给听众传递的是零信息,当然没有吸引力。

同样是这个话题,我们来欣赏另一位中年学员在其演讲中的片段:

文化之争自有文明的解决办法,每个人对世界都有自己的认知,阎崇年的观点可能不符合你的认识,但一个人对自己观点的坚持,无论言论多么离谱、荒谬,采取暴力的方法来攻击对方,这肯定是不对的。"我不同意你的观点,但我誓死捍卫你说话的权利",伏尔泰的这句名言不是最为大家所钟爱吗?果真如此,又怎么会"我不同意你的意见,就掌你的嘴"呢?

……

其实,在当今之世,稍微有点修养的人,都知道要尊重别人的言论表达自由。……容忍不同声音的程度,实际上是检验一个民族文明程度的试金石。

在这一部分的演讲中,演讲者并没有停留在"掌掴"的表面,而是深入挖掘事件的根源——肇事者与阎崇年之间实际上是一场"文化之争",是因为观点的不合。演讲者通过探本求源的方法揪出问题的本质,因而演讲立意也就深刻了。

可见,深刻的立意,就是要透过现象深入本质,见人之不见或少见、言人之未言或少言、发人之未发或少发,并能给人以启发和教育。

要点：求知若饥，虚心若愚

导言

要点明确，眉目清晰。写演讲稿最好是先列个提纲，说得通俗一点就是先"搭个架子"。它是通过提要或图表的方式，把整个演讲的主题、结构布局等简洁明了地展示出来，体现出演讲的基本思想和层次安排。

故事

史蒂夫·乔布斯(Steve Jobs)在斯坦福大学2005年毕业典礼上的演讲(节选)

我今天很荣幸能和你们参加毕业典礼,斯坦福大学是世界上最好的大学之一。我从来没有从大学中毕业。说实话,今天也许是在我的生命中离大学毕业最近的一天了。今天我想向你们讲述我生活中的三个故事。不是什么大不了的事情,只是三个故事而已。

第一个故事是关于如何把生命中的点点滴滴串连起来。……

我的第二个故事是关于爱和失去的。……

我的第三个故事是关于死亡的。……

当我年轻的时候,有一本叫做"整个地球的目录"振聋发聩的杂志,它是我们那一代人的圣经之一。……当它完成了自己使命的时候,他们做出了最后一期的目录。那是在70年代的中期,我正是你们的年纪。在最后一期的封底上是清晨乡村公路的照片(如果你有冒险精神的话,你可以自己找到这条路的),在照片之下有这样一段话:"求知若饥,虚心若愚"。这是他们停止了发刊的告别语。"求知若饥,虚心若愚(stay hungry, stay foolish)。"我总是希望自己能够那样,现在,在你们即将毕业,开始新的旅程的时候,我也希望你们能这样:

求知若饥,虚心若愚。

非常感谢你们!

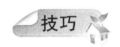

写演讲稿最好是先列个提纲,说得通俗一点就是先"搭个架子"。它是通过提要或图表的方式,把整个演讲的主题、结构布局等简洁明了地展示出来,体现出演讲的基本思想和层次安排。

怎样列提纲呢?可根据个人的具体情况而定。大体说来,有以下两种:一是概要提纲,一是详细提纲。无论哪一种提纲,都要注意涵盖基本要点:

(1)题目

(2)中心论点和分论点

中心论点最好用一个准确完整的句子明确表达出来,以便于思考和推敲,分论点点明大意即可。

(3)事实材料、事理材料和参考材料

事实材料主要包括例证、数据和实物等;事理材料主要包括科学原理、科学定律、法律条文以及名言、谚语、成语等;参考材料泛指演讲时需要的各种材料或备用材料。这些材料不必详细写出,只要在提纲上做个标记即可。

(4)结构和过渡

根据内容的轻重缓急,恰当安排结构层次,并设计好过渡,用连续的标记符号排列好顺序,以使眉目清晰。

(5)开头和结尾

要表明以什么方式开头(设问、叙述式等)和结尾(号召、抒情式等)的问题。

贝多芬演讲:音乐,带电的土壤

有关于我的创作的一切情由,在我的感觉中都是那么神秘而不可捉摸。但我急于要说明的是,当一个主题被自然地放在了面前时,我的旋律就从热情的源泉,不择地涌现出来;我追踪它,再次热情地抓住它;我眼看着它飞逝而去,在一团变幻激情中消失得无影无踪,然后我又激情满怀,再次捕捉到了它,要我同它分离是不可能的,我只有急急忙忙地将它转调,加以展开,最后,我还是把它占有了——这就是一部交响曲啊!音乐,尽管变化多端,它归根到底是精神生活与感官生活之间的调解者。我想同歌德谈谈这个问题,他会理解我吗?

把我的意思告诉歌德吧,跟他说,要他听听我的交响曲,他就会同意我这样说是对的,音乐是种无形的东西,目标是向认识的王国挺进。这王国包括人类,人类却不能包括它……

我们不知道认识究竟能给我们带来什么。被包裹着的种子只有在潮湿、带电和温暖的土壤中才会发芽、思考和表现自己。音乐便是这种带电的土壤;在音乐中,我们的头脑可以思考,可以生活和建设一切。哲学便是头脑带电本质的结晶;哲学的目标是寻求基本原理的基础;头脑是需要借助于哲学才能达到崇高境界的;虽然头脑并不能超越产生他的东西,但它在超越的过程中却会得到幸福。所以,每种现实的艺术创造都是独立的,而且比艺术家本人更有力量,它通过艺术的表现回向神圣。艺术创造和艺术家也只有回向神圣,才能证明神圣的东西在他身上获得了调解。万物都带电,它刺激头脑去创造音乐,创造流动性的、不断往外涌现出来的东西。

我的本性也是带电的,我一定要改变我的智慧不易外露的习惯,为了表达我的智慧,我可以做到心里是怎样想的,口头上就怎样说,写信告诉歌德,问问他是否明白我所说的意思。

短小:从今天起,动手写吧

导言

抓住一点,短小精悍。演讲者应该避免太宏观的主题,在一场演讲中,演讲者应该只讲一个演讲要点,并对之做深刻的阐述,才可能让人印象深刻。

 **故事**

从今天起,动手写吧

诺贝尔文学奖获得者、美国作家辛格莱·刘易斯应邀到一所大学为一群立志当文学家的大学生进行演讲。校方安排他演讲一个小时。刘易斯以一个问题开始了他的演讲:"你们中有多少人希望成为一名作家?"所有学生都高高举起手来。"那么,"刘易斯说,"我对你们的建议是:从今天起,动手写吧。"说完,他就转身走了。

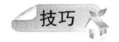 **技巧**

刘易斯以特别的方式启示大家:胸怀大志固然重要,但最重要的是立即行动起来。

演讲者应该避免太宏观的主题,在一场演讲中,演讲者应该只讲一个演讲要点,并对之做深刻的阐述,才可能让人印象深刻。

因为你很难在有限的时间内,完全把你要说的几个或几十个要点全部说透。许许多多的演讲正是因为在一定的时间里涵盖了太多内容,致使内容表达不清,最终失败。为了完成各个要点,演讲者不得不蜻蜓点水般从这里飞快地落到那里,从那里又急忙奔向下一个地方。

所以,绝大部分演讲应保持短小精悍,应把演讲的旁枝末节做相应的修剪。另外,在演讲时总有一定的"不言而喻"的情境和语境,表达时可以借助非言语传播手段(如语调、语速、衣着、手势、表情等),尽管句子、篇幅简短,仍能细致入微地传情达意,而且朗朗上口,有助于记忆。因此,能收到很好的演讲效果。

 **拓展**

请看罗斯福1941年12月8日的一段演讲，题目为"一个遗臭万年的日子"：

昨天对夏威夷群岛的进攻，给美国海陆军队造成了严重的损害，我遗憾地告诉各位，很多美国人丧失了生命。此外，据报，美国船只在旧金山和火奴鲁之间的公海上遭到了鱼雷袭击。

昨天，日本已发动了对马来西亚的进攻。

昨夜，日本军队进攻了香港。

昨夜，日本军队进攻了关岛。

昨夜，日本军队进攻了菲律宾群岛。

昨夜，日本人进攻了威克岛。

今晨，日本人进攻了中途岛。

在这篇著名的演讲里，罗斯福列举了大量的事实，充分说明了日本的侵略是蓄谋已久的行为，有力地揭露了日本帝国主义侵略的卑鄙无耻和野心勃勃的丑恶嘴脸。简短的篇幅，却给人震撼的印象。

幽默：监狱的功能

导言

　　幽默诙谐，妙趣横生。幽默是思想和学识的火花，是智慧与灵感的闪光，是生活的调料。借助于幽默，人们的交往就会更加和谐融洽。

约瑟夫·鲁德亚德·吉卜林及代表作《丛林之书》

 故事

监狱的功能

诺贝尔文学奖获得者约瑟夫·鲁德亚德·吉卜林在一次公众演讲中以一则幽默的故事开场,他没有杜撰奇闻异事,而是讲述了自己的亲身经历。

女士们,先生们!我年轻的时候曾在印度工作。当时,我的职责是为一家报纸报道刑事案件,这实在是一件非常有趣的工作,因为它使我有幸接触到了那些作伪证者、盗用公款者以及谋杀者。在对他们的审判报道完成后,我会时常去监狱拜访我的这些朋友。在这些朋友中,我记得有一位因谋杀而被判刑的人,他是一个十分聪明且善谈的家伙,他这样描述自己的人生故事:"当人们的正常生活因我而变得曲折时,他们就会意识到我的存在,然后把我从人群之中隔离出来,随之人们又将恢复正常的生活。"是的,诚如他所讲,我们的监狱就是一种隔离他们这些人的工具。

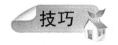 技巧

这段开场白让人们不断爆发出笑声。我们可以看出,幽默能极大地吸引听众的注意,这是很多演讲家屡试不爽的方法。

列宁曾说:"幽默是一种优美的健康的品质。"恩格斯说:"幽默是具有智慧、教养、道德和优越感的表现。"老舍说:"幽默者的心是热的。"因此,幽默是思想和学识的火花,是智慧与灵感的闪光,是生活的调料。借助于幽默,人们的交往就会更加和谐融洽。

幽默是演讲者常用的一种艺术手法,即用诙谐的语言、逗人发笑

的材料或饶有兴趣的方式来表达演讲内容,抒发演讲者感情。

幽默的作用主要有:

1. 愉悦听众。幽默,一般总含有某种喜剧因素,或是矛盾百出,或是愚昧可笑,或是奇思巧智。能使听众在笑声中茅塞顿开,愉快地接受演讲的内容。

2. 启迪听众。幽默是寓庄于谐,是用笑的形式表现真理、显示智慧。幽默不是为了故弄玄虚、故意设置笑料以逗引听众,而是为了使听众在忍俊不禁之中引起对生活、对人生的思考,体会蕴含的哲理。

3. 委婉地表达演讲内容。演讲者通过诙谐风趣的语言,委婉地提醒听众,或委婉地讽刺某种现象,而又不至于出现那种剑拔弩张的紧张气氛。幽默是一种含笑的批评,它比板起面孔声色俱厉的呵斥更容易让人接受。

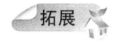

幽默多用于即兴演讲,或用于演讲的开场白,或用于应变,或用于讽刺或批评。

比如,英国前首相威尔逊在竞选时,演说刚讲到一半,突然有个故意捣乱者高声打断他的话:"狗屎!垃圾!"显然,他的意思是叫威尔逊"别再胡说八道"。威尔逊却不理会其本意,只是报以容忍的一笑,安抚地说:"这位先生,我马上就要谈到您提出的环境脏乱问题了。"捣蛋者一下子哑口无言。

运用幽默要注意的事项有:

1. 幽默必须服从于主题,为突出中心。不可为了哗众取宠,显示自己的巧舌如簧。

2. 幽默来自演讲者丰富的生活体验和对生活现象敏锐的观察和

思考。而不是在讲坛上灵机一动,来一个插科打诨或开一句玩笑,以致沦为低级趣味的滑稽。

3. 要看场合和演讲的具体情境。例如,在庄重或悲哀的场合(如追悼会),不宜多用幽默的语言,而在喜庆的宴会上发表演讲,则可通篇妙趣横生、诙谐幽默。

英国前首相威尔逊

故事：神秘的纸条

> **导言**
>
> 善用故事，引发好奇。演讲者善用新鲜、有趣的故事，或发生在身边的、与主题关联的故事，能满足听众的好奇心、探索欲，从而达到奇妙的效果。
>
>

神秘的纸条

从前,村子里住着一个年轻人,他厌倦了平淡、波澜不惊的生活,想出去闯世界,到广阔天地去大展身手。临行之前,他去拜见村子里德高望重的长者。他对长者说:"我就要出去闯荡了,'海阔凭鱼跃,天高任鸟飞',您还有什么嘱咐我的吗?"长者拿出纸笔写了三个字,微笑着递给年轻人,告诉他路上再看。在离家的路上,年轻人打开了纸条,上面写的是"不要怕"!

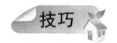

上面的故事出现在一个主题为"挑战自我"的演讲中。"没有伟大的故事,一切都无从谈起。"故事不仅具有娱乐功能,更是人类教育的雏形。人们为什么爱听故事?因为人们都想知道故事的结局,人们还会在故事中找到自己,故事便于人们理解,故事还有助于记忆。所以,演讲者善用新鲜、有趣的故事,或发生在身边的、与主题关联的故事,能满足听众的好奇心、探索欲,从而达到奇妙的效果。

演讲中运用故事要注意以下几点:

1. 简洁。防止漫长的闲言碎语让听众过早地失去了兴趣。

2. 情感。人是感情的动物,演讲的影响力需要从情感上打动听众,所以要关注和强调故事中的情感因素。

3. 意义。意义是一个人思想的延伸,是对生命的理解和感悟。一位优秀的演说者,总能在哪怕是很普通的小故事里,寻找到与众不同又深入人心的闪光点。

4. 制造悬念。善于制造出人意料的东西,懂得把谜底放在故事的最后。谜底揭开后带来的豁然开朗能让人产生愉悦。

5. 自己不要先笑出来。讲好笑的故事的关键是让听众自己突然找到笑点。听众还没有笑你却先笑,反而破坏了"笑"果。

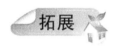

纪晓岚的幽默

纪晓岚有一天去游五台山,走进庙里,方丈把他上下一打量,见他衣履不整洁,仪态也一般,便招呼一声:"坐。"又叫一声:"茶。"意思是端一杯一般的茶来。寒暄几句,知他是京城来的客人,赶忙站起来,面带笑容,把他领进内厅,忙着招呼说:"请坐。"又吩咐道:"泡茶。"意思是单独沏一杯茶来。经过细谈,当得知来者是有名的学者、诗文大家、礼部尚书纪晓岚时,立即恭恭敬敬地站起来,满脸赔笑,请进禅房,连声招呼:"请上坐。"又大声吆喝:"泡好茶。"他又很快地拿出纸和笔,一定要请纪晓岚留下墨宝,以光禅院。纪晓岚提笔,一挥而就,是一副对联:坐,请坐,请上坐;茶,泡茶,泡好茶。方丈看了非常尴尬。

提问:西雅图酋长的演讲

> **导言**
>
> 善用提问,激活思维。要适时而问,要适事而问,要简明扼要,要真诚,要能放能收,恰到好处。

故事

西雅图酋长的演讲

在美国立国之前及建国初期,白人一贯采取从东向西驱赶印第安人——美国土地上古老的主人的政策。1854年,斯蒂文森州长向西雅图酋长传达了购买印第安人土地,设置印第安人"保护区"的指示。接到此令,西雅图酋长感到问题的严重性,尽管他对白人友好,但要他的同胞兄弟离乡背井到划定的地域去,这毕竟是一件令人痛心的事。在为此举行的大型集会上,他发表了一个催人泪下的演说,后人称之为"葬礼演说"或"天鹅临终之歌"。下面是节选:

……我们在华盛顿的慈父——因为我姑且承认他现在是我们的父亲,也是你们的父亲,既然乔治国王已经将他的边界往北移了——我们伟大的慈父捎信给我们,表示如果我们按照他说的话办,他就保护我们。他英勇的战士对我们来说,将成为严阵以待的铜墙铁壁,而他那顶呱呱的战舰将遍布我们的港口,这样,我们北方的宿敌——海达斯和茨姆先斯部落就不能吓唬我们的妇女、儿童和老人了。那么,实际上他将成为我们的父亲,而我们将成为他的孩子吗?这可能吗?你们的上帝不是我们的上帝!……你们的上帝使你们的人口日益增长,很快他们就将充斥整个大地。而我们的人口,却像迅速退去而永不再涨的潮水一样,越来越少。白人的上帝不可能疼爱我们的人们,不然他就会保护他们的。他们就像无依无靠的婴儿。这样,我们怎么能成为兄弟呢?你们的上帝怎么会成为我们的上帝呢?你们的上帝怎么会再现我们的繁盛,唤醒我们心中要求重新强大起来的梦想呢?……
……

愿他公正善良地对待我的人民。死去的并不是无能为力的。死去的？我这么说了吗？世上没有死亡，只有转世。

怎样缩短与听众的距离？怎样满足听众的好奇心？怎样创造宽松的环境？怎样使演讲者出于主动？

方法可能很多，其中一个很有效的手段，就是巧用提问。

即兴演讲的提问有这几种方式：

开放式提问：是指提出范围较大的问题，对回答的内容限制不严格，给对方以充分自由发挥的余地。这样的提问比较宽松，不唐突，也常得体。如："如果你今天考了第一名，会有什么情绪？"

封闭式问题：是在包括所有可能的回答中，被调查人从中选择一个答案。这种提问法便于统计，但答案的伸缩性较小，显得呆板一些。如："同学们更喜欢读书，还是运动？"

半开放式提问，也叫限制性开放式提问。如："除了读书，同学们还有哪些爱好呢？"

这些提问虽然有许多好处，但一定要注意方法和时机，否则会事与愿违。要适时而问，要适事而问，要简明扼要，要真诚，要能放能收，恰到好处，从而有利于促进演讲者和听众的互动，促进听众对演讲内容持续的倾听关注和深入思考。

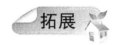
拓展

一位年轻老师在一个陌生的学校上公开课,执教的课文是伊索的一则寓言故事《狮子和蚊子》。当战胜了狮子的蚊子被蜘蛛网粘住的时候,老师提了这样一个问题:"假如老师是蚊子,你是蜘蛛,此刻,你会对老师说什么呢?"

学生一时没有反应过来,几秒钟后的安静之后,教室里先是发出了窃窃的笑声,渐渐变成了哄堂的大笑,让年轻老师莫名其妙,尴尬万分。

诗歌：森林王国的规律源远流长

导言

引用诗歌，高贵美丽。人类历史上伟大的古典文学作品中有很多诗歌，从中国的《诗经》到西方的荷马、但丁、弥尔顿的作品，这些不朽的著作正是通过它们那绝妙的韵文被人们所牢记。

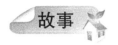

故事

2012年5月2日,央视主持人芮成钢携新书《虚实之间》在对外经贸大学举行首发式,其好友、澳大利亚前总理陆克文以个人身份出席并发表演讲。

作为一个曾经两次在G20峰会上提问奥巴马、常常需要在国际场合列席并发言的中国记者,芮成钢引起过一些争议。

芮成钢在首发式的演讲中说,并不介意言行被大众误读,认为这只是信息不对称所致。他翻到书的最后一页,用他翻译的英国诗人约瑟夫·吉卜林作品《如果》来表达对种种争议的态度:"如果,身边的人都失去理智,并将其归咎于你,而你能保持清醒;如果,所有人都怀疑你,而你却能自信如常,并体谅他们对你的怀疑……那么,这个世界就全都属于你。"他说,争议是社会进步的体现,"我衷心地为这种进步喝彩,相比之下,我个人的事儿微不足道"。

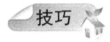

技巧

人类历史上伟大的古典文学作品中有很多诗歌,从中国的《诗经》到西方的荷马、但丁、弥尔顿的作品,这些不朽的著作正是通过它们那绝妙的韵文被人们所牢记。

在演讲的各种方式中,像诗歌一样运用押韵的方法来一段是不错的选择。实际上,如果能在结尾找到合适的韵脚,那就再合适不过了。这是指自己创作出的诗歌。必要的时候,引用别人的诗歌也会是不错的选择。无论是自创的还是引用的,只要用得恰到好处,就会使你的演讲充满高贵和美感,富有情调和个性。

有时候，实在无法找到合适的韵脚，写不出有深意的诗句，也找不到可以引用的诗句，不妨选择一段富有韵律、耐人寻味的经典文章做结尾也是合适的。布鲁克林汽车有限责任公司的副董事长阿布特先生曾经对他的员工发表过一场演讲，主题是"关于忠诚和合作"，在其演讲的结束部分，他引用了吉卜林《森林王国》中的一段韵文："这就是森林王国中的规律——这规律久远而真实，就如蓝天一样；生活在其中的狼群若能遵守这一规律，就能兴旺；反之，就必然灭亡。正像那藤条永远缠绕在树干之上，森林王国中的规律也会源远流长——因为猎犬和野狼的争斗无休无止，永不相让。"

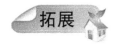

如　果

——给 12 岁儿子的忠告

［英］约瑟夫·鲁德亚德·吉卜林

如果在众人六神无主之时，
你能镇定自若而不是人云亦云；
如果在被众人猜忌怀疑之日，
你能自信如常而不去妄加辩论；
如果你有梦想又能不迷失自我，
如果你有神思，又不至走火入魔；
如果你在成功之中能不得意忘形，
而在灾难之后也勇于咀嚼苦果；
如果听到自己说出的奥妙，
被无赖歪曲成面目全非的魔术而不怨艾；

如果你辛苦劳作,已是功成名就,
还是冒险一搏,哪怕功名成乌有,
即使惨遭失败,也要从头开始;
如果你跟村夫交谈而不离谦恭之态,
和王侯散步而不露谄媚之颜;
如果他人的爱憎左右不了你的正气;
如果你与任何人为伍都能卓然独立,
那么你的修养就会如天地般博大——
而你,就是真正的男子汉了,我的朋友!

- 演讲技巧之语言篇

通俗:检查团长

导言

　　准确清楚,通俗易懂。即用听众熟悉、就能马上理解的语言,把要讲述的内容,用浅显明白的话语、准确清晰的声音表达出来。

厂长的欢迎词

话说几十年前,一个大老粗厂长面对一个检查团,发表欢迎词(秘书预先写好的):"检查团长(zhǎng):途跋涉、历尽千、辛万苦,给我们带来了巨大鼓。(秘书在旁边悄悄说:"还有呢!")哦,还有个'舞'哩!"检查团成员们先是一愣,接下来哄然大笑。

原来,秘书拟写的欢迎词原本是:"检查团,长途跋涉,历尽千辛万苦,给我们带来了巨大鼓舞!"可惜被这位大老粗厂长念得一塌糊涂。

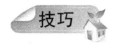

演讲的口语必须做到准确清楚,通俗易懂。

准确清楚是对演讲者最基本的口语表达要求。读音准确,是指不念错别字;吐字清楚,是指把词语准确念出来,让听众听得清清楚楚。不能过快过慢,不能结结巴巴、丢三落四,不能破坏语句的内在结构、破坏语句的本来联系。要使听众感到很流畅,很顺利。至于有的人讲演起来口齿不清晰,呜呜噜噜,口里像含着个冰糖葫芦,这些都是毛病,应该在平时或演讲时努力改正。

书面语和口语的不同之处在于:一是利用视觉,可以仔细察看、辨认、思索;二是利用听觉,只有在听清听懂之后才能理解。

通俗易懂,即用听众熟悉、一听就能马上理解的语言,把要讲述的内容,用浅显明白的话语表达出来。一个演讲者无论他讲什么内容

（政治、军事、教育、艺术、学术等）都是要使听众听得懂他的一切意思，做不到这一点，其他的一切准备、努力、心血都是白搭。

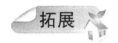

拓展

梁启超的孙子，被称为"民间环保第一人"的梁从诫先生，于2005年9月22日在中青院演讲时，用通俗易懂的语言，讲到了自己的一些经历、想法和做法，从而倡导人们节俭、环保。

90年代中期，曾经到陕北贫困山区调研。当地地方领导招待吃饭时，通过空运运来了对虾。他吃了以后心里不是滋味。临走时，领导让大家交换意见，他就说了一个意见："富裕，贫困；奢侈，节俭，不是同一范畴的概念。但是，我们可以做到富裕而不奢侈，贫困而又节俭。"当时《光明日报》的记者也在，第二天，就在头版头条以《梁从诫委员：陕北这么穷，为何这么奢侈？》为题报道了当时的情况。中国一句古训：由俭入奢易，由奢入俭难。

梁先生大力呼吁人们节俭，而他和他的老伴，总是力求能做到身体力行。比如家里装了空调，但是，只要能够忍住炎热，就尽量不开空调。很多大宾馆夏天大开空调，冬天暖气太热，过犹不及啊。

他们家有一台洗衣机，请了一个小时工，一礼拜洗两次衣服。他们把漂过的水攒起来冲马桶，就可以够一个礼拜不摁马桶的冲水按钮。小阿姨非常认同他们的做法，而且在了解到北京的缺水情况后，还向别的人家推广，因此，这样以实际行动去影响别人，是一种有着很大潜力的教育行为。

梁先生曾引用一位著名环保活动家——黑猩猩行为研究专家——珍妮·古道尔的话说："每一个人能做的很少，但是大家联合起来，就能改变世界。"以此与大家共勉。

梁从诫先生指着地图为记者讲解中国环境状况

朴实：让他三尺又何妨

导言

朴实自然，灵活自如。演讲语言只有如此，才能如绵绵春雨、涓涓溪流润泽听众的心。

让他三尺又何妨

去过安徽桐城的人,想必总会铭记其中一景——"六尺巷"。这条极为平常的小巷名扬古今,是因为它流传着令人常思常得的一个故事。

故事说的是清代礼部尚书张英,得知家人与邻居为建围墙而争地皮一事,并向他求助时,遂修书一封,题诗一首曰:"千里修书只为墙,让他三尺又何妨?万里长城今犹在,不见当年秦始皇。"劝导家人忍让为上。

张英身为朝廷高官,却不像某些权贵那样,依仗权势为家族争利,反而采取了谦让不争的态度,教育家人要淡化与他人的争斗意识。家人亦深明大义,将待建的围墙退让三尺。邻居为张英的官德感动,遂将正欲修建的围墙退让三尺。于是,两家的围墙之间,就形成了一条六尺宽的小巷。从此两家不争不吵,和好如初。后来,这条"六尺巷"就成了互谅互让之美德的象征。

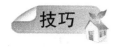

"六尺巷"的故事中,宰相张英的四句劝解诗,自然中透着朴实,幽默中透着豁达,令家人羞愧,也让邻人感动,从而化干戈为玉帛,互相宽容为怀,睦邻友好。

演讲语言是一种独白式的、有一定话题的交际口语,语言也应该力求自然、朴实、通俗。

某企业年终召开表彰大会,一位领导登台讲话说:"在大家热烈的掌声和欢快的乐曲声中,我愉快地走上讲台,心潮澎湃,激情难禁……"几句话就引出了一阵讪笑。原因就是词语使用不当,不够自然和朴实。

演讲语言只有朴实自然,灵活自如,才能如绵绵春雨、涓涓溪流润泽听众的心。

拓展

美籍华裔科学家李远哲,1986年获授美国国家科学奖章,同年"因他在反应动力学研究中的重大贡献"与哈佛大学赫施巴赫教授及多伦多大学波兰裔教授同获1986年度诺贝尔化学奖。下面是他在颁奖大会上的演讲《立足小分子,纵情大宇宙》(节选):

在科学的研究上也像其他事情一样,一个人的成败系于最艰难的处境中,有些人能继续努力,有些人承受不了。你如果问我为什么做得比别人好,大概我比较会坚持吧。

我在台湾念书时不是大家认为的"好学生"。所以我可以比较放开地阅读我比较喜欢的读物,培养我较喜欢的兴趣。我中学时代读了居里夫人的自传,受到很大感动,对我的启发也很大。她的影响至今仍在,我看居里夫人时,不是看到她的成功,不是美慕她的名声,而是欣赏她的理想主义。人生活在世上从事各种不同的行业,但作为一个科学家能像居里夫人有这么美好的生命,我觉得十分美慕。人家问她为什么不申请专利赚钱,她说:"人类的知识属于全人类所有,我不想把我研究的成果作为一个人的私产。"我想这个人真是个有理想的人啊!

一般而言,今天很多大学的科学教育只是训练一些技术员,但这也有一些不得已的苦衷,原因是今天的科研的确也很需要技术性的工作。一个好的技术员是重要的,可是要在科学领域打开新的局面,做些尖端的、有创意的科学工作的话,光有技术就不一定行得通了。因此只得到技术的训练,一个学生还没有达到很好的科学教育的目的。据我所知,比较好的学校或实验室,为了要解决一个新的科学问题,学生都有很广泛的训练,不仅是他专业的东西,科学哲学、科学史或科学社会学也非常重要。这样才可能成为一个好的科学家。

李远哲先生

生动：拔去狼的牙齿

导言

　　句子生动，才易于理解。一个精彩的句子呈现的效果是奇妙的，它会带给观众一种深刻的体验，以至于时刻被其所吸引。

 故事

拔去狼的牙齿

1776年7月4日，美洲第二届大陆会议通过了由杰斐逊、富兰克林等人起草的《独立宣言》，宣告了一个新的独立自主的国家的诞生。消息传开，人民群众欢欣鼓舞，奔走相告，甚至通宵燃炬鸣炮来庆祝。

然而与此同时，对英王怀有效忠感情和对独立抱着冷漠态度的人还很多。据历史记载，当时，每一个殖民地和每一种行业内几乎都有效忠派。在某些州，效忠派甚至占了多数。形势对革命不利。刚刚诞生的美国面临着要么沿着《独立宣言》的原则继续前进，要么放弃独立，重新被英国人征服的二者必居其一的选择。

萨缪尔·亚当斯，这位最早提出否定英国议会对殖民地的统治权力、并把争取独立作为奋斗目标的激进派领袖意识到了这一点，所以他在刚刚参加《独立宣言》签名不到一个月，就在费城的议会大厦发表了一篇演说，号召美国人民发扬"进取精神"，为国家的自由、独立勇敢战斗。

在演说中，他巧妙地运用比喻，用浅显易懂的道理来表达比较深刻的思想，形成生动、形象的意境。"把狼身上的链子松开，而没有拔去他的牙齿的人，也就算个疯子"，借这个形象生动的比喻，来启发大众：不要因为初步的胜利和"实现和平的勇气及上下团结一心"的表象而麻痹，应该为赢得永远的自由和独立战斗到底。"拔去狼的牙齿"，决不让殖民者卷土重来，这是亚当斯通过比喻要人们领悟的真正道理。

演讲中，"把我的尸体和华伦将军的尸体葬在一起"的说法也很生

动。他把演讲者为自由、独立而战斗到底的坚强决心形象地表达了出来,给人以深刻的影响。

这篇演讲字里行间处处流露出亚当斯对争取国家独立、人民自由的坚定意志和耿耿忠心。这种人格力量及信念本身就具有震撼人心的感召力。

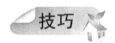

句子生动,才易于理解。一个精彩的句子呈现的效果是奇妙的,它会带给观众一种深刻的体验,以至于时刻被其所吸引。

说起生动性,一方面是指遣词造句的生动性,另一方面是指演讲时的语音、语调、语气、语态、节奏、重音处理等全方位的协调配合。

试想,一个人如果语调平淡、面无表情地演说:"我爱这片土地。"如果你是台下的听众,会被打动吗?当然不会了,听众不仅无动于衷,甚至还会怀疑:你说的是真心话吗?

遗憾的是,生活中,或电视新闻里的一些演讲或作报告的画面,常常出现类似这样的情景:演讲者或报告人表情呆板,语调平淡,与热情的文字毫不吻合。不能不让人怀疑,那不是演讲,而只是例行公事地念念别人写下的讲稿罢了。这样的演讲,缺少的不仅是生动,更是真情实感。没有真情实感的演讲,干巴巴的演讲,那真是面目可憎,让人昏昏欲睡。

同学们,你喜欢听生动的演讲,还是呆板的演讲呢?你喜欢做生动的演讲者,还是例行公事般的呆板的演讲者呢?答案自然在你心中哦!

拓展

浙江大学最受学生欢迎的老师——郑强教授,在给浙大同学们的演讲中,总是妙趣横生,集智慧和气节于一身,生动地阐述自己的人生观,给年轻学子以极大的启迪和力量。比如,他谈到自己一次把教授们组织起来,进行影响全国的消费者集体维权行动,当时他个人承受了巨大的精神压力。谈到压力,他竟然幽默风趣地演说了这样一个情节:

张书记在他的办公室就是这么给我讲的:

"郑强同志,你放心,我有我的渠道,我一定要给我们党反映:郑强同志,是我们党自己的人!"(观众笑,鼓掌)

张书记说这个话,就是由于他长期在敌后工作养成的。(笑,鼓掌)

同学们你们还小啊,以前文化大革命演了很多电影,凡是在敌后工作的党员同志,最希望得到党的认可就是:

"这个人是我们党的人!"(笑,热烈的鼓掌)

听到这样的认可,当时我的眼睛就掉下了热泪。

同学们想想看,面对强大的社会压力,郑教授获得了学校书记的支持,这番情景原本可以相当严肃地讲述的,到了郑教授那里,却是极为生动的情景再现,和极为风趣的自我调侃,也让同学们在阵阵会心的哈哈大笑里,渐渐领悟到:消费者维权的胜利,离不开各方面的支持,尤其是领导的支持。

可见,化抽象的思维为生动形象的表述,是多么富有说服力和感染力。

浙江大学郑强教授演讲

比喻:灵魂如椰肉般洁白

导言

不要忽视比喻的力量,他们能使模糊的概念变得清晰,使高深的概念变得通俗,使将要离开你演讲的人再次坐下。

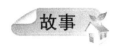 故事

如椰肉般洁白

一些教师到非洲赤道附近的一个部落进行授课。他们把教材里的一句话改编成了这个部落的人能理解的方言。

在课文中,这句话是这样的:"即使你的罪孽深重,但在神的指引下,他仍会变得如雪般洁白。"在酷热的非洲,几乎没有人见过雪,所以对于这个说法,人们无法理解。

教师们很快发现了一种当地人最熟悉的事物——椰子,就这样,他们把教材原文改编成了这样一句话:"即使你的罪孽深重,但在神的指引下,他仍会变得如椰肉般洁白。"听众们恍然大悟,深受触动。

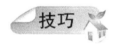 技巧

比喻这种修辞手法在公共演讲中非常重要,伊索寓言曾经令很多人明白了做人做事的道理,因为其中大量运用了比喻或者拟人的手法。很多人无法理解高于他们生活的道理,只有生动贴切的比喻才能让他们认识到这一点。

不要忽视比喻在演讲中的力量,他们能使模糊的概念变得清晰,使高深的概念变得通俗,使将要离开你演讲的人再次坐下。

比如,一位医生给听众讲解《利用横膈膜进行呼吸对于肠部蠕动和人体健康是非常有益的》,很多人乍一听这个题目就会退避三舍,连兴趣都没有,就更别说继续听下去了。而这位医生却说了这样一番话,一下子把大家吸引住了:"横膈膜是薄薄的一片肌肉,它位于肺的底部,把胸腔和腹腔隔离开来。在我们平静且用胸部呼吸时,横膈膜

处于弓形状态,就如一个倒置的脸盆。""一个倒置的脸盆"的比喻,避开了艰涩难懂的专业术语,使听众不用过分思考就能明白其中的道理,医生也就顺利地展开他的演讲了。

拓展

1871年,司各脱诞生100周年纪念会上,英国教育局、历史学家史密斯用充沛的热情、诗般的语言、"七盏灯"的美妙比喻,为司各脱对近代西欧历史小说做出的巨大贡献进行了高度评价。下面就是他的演讲《小说写作的指路明灯》的节选:

罗斯金点燃了建筑学的七盏明灯,引导建筑家在高尚的艺术实践中一步步向前。看来,现在是为小说家点燃明灯以指引道路的时候了。请想一想,现在的小说家有多大的影响力,而其中有些人是怎样利用这种影响力的!想想有多少人除了小说以外,什么都不看;再仔细看看他们读的小说内容!我曾看见一个年轻人的全部藏书是三四十本平装书,都是些精神毒品。有一天,我在英国浏览过三个车站书亭,其中几乎没有一个书亭里的书是知名作者的小说。那是一堆堆无名作家粗制滥造的糟粕,封面是低下、花花绿绿的木刻画。画面上的内容无疑在书里应有尽有。每天用这种精神食粮填塞、喂养出来的民族心灵,会变成什么样子?我们今天在此集会纪念的这位天才,我以为他所发出的火焰比任何人都更纯净、更明亮,更适合用于点燃那照亮小说写作道路的明灯。司各脱不喜欢道德说教。赞美上天,他没有那样做。他没有把道德目标摆在自己前面,也没有规定道德条规。但他那勇敢、纯洁,真诚的心就是心灵自身的准绳。我们研究他做的事,就可以为所有愿意听从他召唤的人找出一条应该遵循的法则。如果说罗斯金曾经给建筑点起了七盏明灯,那么,司各脱也会为小说点起七盏明灯。

  第一是现实之灯。……

  第二是理想之灯。……

  第三是公正之灯。……

  第四是忘我之灯。……

  第五是纯洁之灯。……

  第六是人性之灯。……

  第七是高尚之灯。……

反复:娜拉走后怎样

导言

反复强调,加深印象。要想让听众记住你的观点,那么反复强调是最重要的方法之一。这种信息必须不断地进入听众的耳中才能收到效果。

娜拉走后怎样

娜拉是挪威剧作家易卜生的经典社会问题剧《玩偶之家》的主人公。她在经历了一场家庭变故后,终于看清了丈夫的真实面目和自己在家中的"玩偶"地位,在庄严地声称"我是一个人,跟你一样的一个人,至少我要学做一个人"之后,娜拉毅然走出家门。1879年《玩偶之家》在欧洲首演,娜拉"离家出走时的摔门声"惊动了整个欧洲,亦在后来惊醒了"五四"之后积极探索中国命运和出路的知识分子们。至此,"娜拉"几乎成了中国知识分子进行思想启蒙的标志性人物,也成了当时激进女性的效仿对象。

鲁迅先生是敏锐地觉察出这一重大社会问题的,即如果口袋里没有钱,没有经济大权,则妇女出走以后也不外两种结局:不是堕落,就是回来。否则只能是饿死。只有妇女真正掌握了经济大权,参与了社会生活,不把自己局限在小家庭里,不把婚姻当成女人唯一的职业,才有可能真正获得"解放"和"自由"。鲁迅先生在北京女子高等师范学校以"娜拉走后怎样?"为题的演讲,就阐述了这样深刻的看法。其中有一段话,激励人们为争取权利进行韧性的战斗:

"世间有一种无赖精神,那要义就是韧性。听说拳匪乱后,天津的青皮,就是所谓无赖者很跋扈,譬如给人搬一件行李,他就要两元,对他说这行李小,他说要两元,对他说道路近,他说要两元,对他说不要搬了,他说也仍然要两元。青皮固然是不足为法的,而那韧性却大可以佩服。要求经济权也一样,有人说这事情太陈腐了,就答道要经济权;说是太卑鄙了,就答道要经济权;说是经济制度就要改变了,用不着再操心,也仍然答道要经济权。……"

"要两元"反复出现,突出了青皮的无赖;"要经济权"反复出现,则突出了妇女要获得经济权所必须具有的韧性。幽默中透着智慧和坚定。

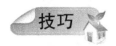

反复强调,加深印象。要想让听众记住你的观点,那么反复强调是最重要的方法之一。这种信息必须不断地进入听众的耳中才能收到效果。

拿破仑认为反复是修辞学中最重要的原则。之所以如此,是因为他知道一个观点对演讲者而言非常熟悉并不意味着对听众而言也非常熟悉,毕竟人们接受一种新思想是需要时间的,而且,它还需要人们对之进行持之以恒的思考。简而言之,在演讲中,你应有针对性地重申自己的重要观点。

当然,你必须重复使用同一个词语或短语,如上文提到的"要两元",或者"要经济权",还有下文将提到"我梦想有一天"。事实上,如果你不断使用新词语或短语,那么听众是根本不会意识到你在重复你的观点的。

美国黑人运动领袖马丁·路德·金的演讲——《我有一个梦》(节选):

朋友们,今天我对你们说,在此时此刻,我们虽然遭受种种困难和挫折,我仍然有一个梦想。这个梦想是深深扎根于美国的梦想中的。

我梦想有一天,这个国家会站立起来,真正实现其信条的真谛:

"我们认为这些真理是不言而喻的:人人生而平等。"

我梦想有一天,在佐治亚的红山上,昔日奴隶的儿子将能够和昔日奴隶主的儿子坐在一起,共叙兄弟情谊。

我梦想有一天,甚至连密西西比州这个正义匿迹、压迫成风、如同沙漠般的地方,也将变成自由和正义的绿洲。

我梦想有一天,我的四个孩子将在一个不是以他们的肤色,而是以他们的品格优劣来评价他们的国度里生活。

这段演讲,以反复出现的"我梦想有一天",领起一句句浅显易懂的话语,也是诗一般的话语,深情而热烈地表达了反对种族歧视、争取平等自由的强烈愿望,感人肺腑。

马丁·路德·金 1963 年在林肯纪念堂前演讲

双关:打着灯笼找我

导言

一语双关,幽默自来。人类的语言丰富多彩、变幻无穷,特别是汉语,相同的一句话,因为场合、对象等外在因素的变化,说出来就会表达出不同的意思,产生不同的效果。

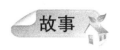

打着灯笼找我

有个人,想找个既省心又省力的差事干,想来想去,觉得教书这差事还不错,可惜他只学会了《百家姓》头一句——赵钱孙李。但就凭这点本事,他真的开始教书了。

他一个字得教好多天。因为满打满算他只会四个字,一下都卖出去,就没本钱了。可学生家长不干呀,天天都催他往下讲。他总是慢言细语地说:"不急!不能急!贪多嚼不烂,一口吃不成胖子呀!"

久而久之,学生家长可就犯了猜疑:先生迟迟不往下讲,八成是个不学无术的骗子!这位教书先生也害怕起来。这天,他把工钱一领,晚饭一吃,趁天黑人静,便悄悄地跑了。学生家长发现受了骗,便提上灯笼,紧紧追出村来,一边追,一边喊,说一定要把他抓回来揍一顿。

教书先生闻风丧胆,钻进谷草垛不敢出来。家长打着灯笼找了半天没找到,自认倒霉,骂着回家了。

过了不久,这人想到别的村去教书混饭吃。人家问他学问怎么样?他大言不惭地说:"学问深浅一时难以说清。跟你们说吧,我原教过书,后来不干了,他们还打着灯笼找我呢!"

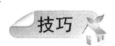

双关语指在一定的语言环境中,利用词的多义和同音的条件,有意使语句具有双重意义,言在此而意在彼的修辞方式。双关可使语言表达得含蓄、幽默,而且能加深语意,给人以深刻印象。

人类的语言丰富多彩、变幻无穷,特别是汉语,相同的一句话,因为场合、对象等外在因素的变化,说出来就会表达出不同的意思,从而产生不同的效果。

同时,由于有些词语本身就含有两种相反的意思,可以在特定的场合中传达出与别人期望值相反的东西,利用这种多义性,言在此而意在彼,就会产生幽默的效果。

就像故事中那位滥竽充数的教书先生,先不论此人的行为是否恰当,但其巧妙利用语意双关的幽默,的确让我们笑了一把。

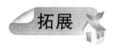

拓展

双关语作为一种实用幽默的语言技巧,谁都可以在适当的时候用上它。比如,有个学生在演讲中提到了一次对话,就利用了双关语技巧:"女儿跟妈妈说:'我过几天生日,你怎么给我过啊?'妈妈说:'我都把你生日忘了,不记得了……'女儿来了句:'大人不记(计)小人过,我自己过!'"

对话中的"过",一个意思是"过生日",另一个意思是"过错"。一语双关,幽默顿时产生。

对比:一心以为有鸿鹄将至

导言

善用对比,突出观点。对比是演讲中的常用手法,运用它们能在听众平静的情感上投下翻江倒海的巨石,使之久久不忘。

 **故事**

一心以为有鸿鹄将至

弈秋,通国之善弈者也。使弈秋诲二人弈,其一人专心致志,唯弈秋之为听;一人虽听之,一心以为有鸿鹄(天鹅)将至,思援弓缴而射之。虽与之俱学,弗若之矣。为是其智弗若与?曰:非然也。

这是初中语文教材《孔孟论学》一课里提到的著名故事。意思是:

弈秋是全国最善于下棋的人。让他教两个人下棋,其中一人一心一意,聚精会神,认真听弈秋的教导;另一人虽然也听讲,可是心里却想着天上有天鹅飞过,怎样拿弓箭去射它,这个人虽然和那个专心致志的人在一起学习,成绩却不如那个人。是他的智力不如那个人吗?回答说:不是这样的。

这个故事告诉人们,学习必须专心致志,不可三心二意。

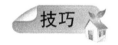 **技巧**

上面的故事最大的特点是对比。

善用对比,突出观点。对比是演讲中的常用手法,运用它们能在听众平静的情感上投下翻江倒海的巨石,使之久久不忘。

对比和衬托中的反衬相似,指把两个截然不同的事或物或人拿来比较。这样写可以突出你所要表达的感情,比如对某些事物的赞扬或是对某些事物的贬低,从来突出事物的本质特征。这种手法可以突出好与坏、善与恶、美与丑的对立,给人极鲜明的形象和极强烈的感受。把两种不同事物或同一事物的两个方面,放在一起相互比较,可以使事物的性质、状态、特征更加鲜明突出。

拓展

如果月初挥霍无度,月末你不得不节衣缩食

——电子科技大学校长汪劲松2010年秋季开学演讲语录

同学们,从你入校的那一天起,你会发现周围不再是熟悉的气候和乡音,会常常遇到以前不曾遇到的问题和困难,而此时父母不再站在前面为你遮风挡雨。面对这些,你开始改变自己,开始独立地去思考,积极地去适应。你又会发现对朋友的渴望比以前更加强烈,展现在面前的舞台比以前更加宽阔。面对这些,你开始尝试完善自己,可能原本性格比较内向的你开始主动和老师、同学沟通交流,可能不善言辞的你开始锻炼自己的演讲能力,可能对运动缺乏兴趣的你开始喜欢和同学一起打篮球、踢足球。你一定还会发现你的自由度比以前大多了,你有了相对独立的财政、大量的自由时间,而我想告诉大家放纵地享受自由的最大风险是被"自由"所左右,在"自由"中滋长惰性、消磨斗志。如果在月初你"挥霍无度",月末你不得不节衣缩食;如果你总让花样年华中最宝贵的自由时间肆意流失,那么追悔莫及必将成为你付出的惨痛代价。面对这些,你开始改变,决定尝试掌控自由、超越自我,你开始规划人生、自我管理、主动学习,不久之后,你会从一个被自由摆布的人变成掌控自由的人,让自由成为了成功的助推器而不是绊脚石。

大学不是"约你一起玩儿"(university)

——成都理工大学文法学院院长陈俊明2010年秋季开学演讲语录

真切希望你们在文法的四年:会读书,会做人。会读书,就要会读网上网下的书;就要读活书,活读书,读书活;就要会听教室内外的课;

就要努力把"成都理工"读成"麻省理工";就要努力把一所大学读成两所甚至更多;就要努力把德智体美读得无一偏废;就要努力把男生读成文质彬彬,女生读成知性端庄;就要努力把自己读成无论张口还是抬手,都让人分明看出你读过大学。

今天的大学,不仅仅是万千师生蚁聚一堂的大家学,更不是有人戏言的"约你一起玩儿"(university),而是拉大差距的学,大开大合的学,大融合大交叉的学,大目标大动力的学,当然也可能是个人大起大落的学。

"去低向高"的进程,是读大学的本质之所在,也是生命的真正有价追求。因为成熟的生命最终必定会知道,人生一世,贫可耐,穷可耐,贱可耐,矮可耐,胖可耐,黑可耐,甚至丑也可耐,唯独——俗不可耐。

新解:卖糕的,卖切糕的

导言

用新的角度来解释陈旧的话题,或以现代的价值观颠覆传统的想法,往往会产生意想不到的幽默效果。

天价切糕

  切糕是玛仁糖的俗称,是一种新疆南疆维吾尔族人民采用传统特色工艺,选用核桃仁、玉米饴、葡萄干、葡萄汁、芝麻、玫瑰花、巴丹杏、枣等原料熬制而成的民族特色食品。因出售时一般用刀从大块玛仁糖切下小块,因此又被称作"切糕"。

  2012年12月3日微博上最火的话题无疑是切糕。上午,岳阳公安警事在微博发布了一条警情快报:"村民凌某在购买新疆人核桃仁糖果时,因语言沟通不畅造成误会,双方口角导致肢体冲突引发群体殴打事件。事件造成二人轻伤,损坏核桃仁糖果约16万。加损坏的摩托车和受伤人员共计20万。目前平江公安天岳派出所将凌某刑事拘留,十六名新疆人员财物得到赔偿并被遣返回疆。"

  该微博发布后引发网友热议,微博中所提到的16万核桃仁糖果就是传说中的切糕。下午新周刊发布了一张切糕图,并称之为硬通货。网友纷纷跟帖,或回忆那些年吃切糕的经历,或吐槽切糕是检验高富帅的重要标准。

  网民们还是比较有幽默感,没有一味攻击少数民族,而是专心吐槽这"16万"。

  最有意思的一则是:路口,一大众和宝马7系在等红灯,对面一捷达抽风似的直直冲过来,看着就要撞到宝马7系了,一个转向要去撞大众,大喊一声"辉腾",猛打方向盘撞翻旁边一小板车。捷达车主马上下车赔笑:"那俩撞不起啊,只好撞您板车了,老大爷,呵呵……"低头看到散落一地的切糕!!!

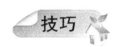

用新的角度来解释陈旧的话题,或以现代的价值观颠覆传统的想法,往往会产生意想不到的幽默效果。

2011年微博上流行一个段子,对一些司空见惯的词,作出了重新定义:

有钱人才能叫宅,你那叫宅吗?你那叫蜗居!

有钱人才能叫忧郁,你那叫忧郁吗?你那叫抑郁!

有钱人才能叫节能,你那叫节能吗?你那叫抠门!

有钱人才能叫丰满,你那叫丰满吗?你那叫粗人!

有钱人才能叫旅行,你那叫旅行吗?你那叫流浪!

对文学经典、历史名著的新解,更是层出不穷,比如:西游记新解、三十六计新解、论语新解、红楼梦新解、死魂灵新解等。

还有对流行语、成语,考古发现等的新解,如高富帅新解、成语新解、语用学新解、猛犸象灭绝之谜新解……

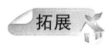

青　天

阴曹地府,阎王在审讯张宗昌和韩复榘。

张说:"我当督军时,地面风和日丽,人们都称我张青天。"

韩说:"我当省主席时,大公无私,老百姓送我'天高三尺'的匾额,大家都叫我韩青天。"

阎王忽发奇想:"既如此,地府久不见阳光,烦两位青天给弄些光明吧。"

判官忙制止:"陛下,万万不可。"

阎王问:"何故?"

判官说:"张宗昌当政天怒人怨,故山东大旱。韩复榘搜刮地皮,人们说他把地刮去三尺,故天高三尺。这样的青天,怎能在地府重用啊?"

反讽：实在标致极了

导言

反讽，就是用极其正面的语言来形容或称呼极其负面的东西。这是很古老的文学技巧，却很有效。

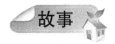 故事

莫言：以故事反讽政治现实 善意提醒政府

北京时间2012年12月11日0时16分许，莫言在瑞典斯德哥尔摩接过诺贝尔文学奖。之前的12月7日他在瑞典学院发表的《讲故事的人》演讲中提及三个故事：

莫言讲的第一个故事，有关于包容"异见"。"上世纪六十年代，我上小学三年级的时候，学校里组织我们去参观一个苦难展览，我们在老师的引领下放声大哭。为了能让老师看到我的表现，我舍不得擦去脸上的泪水。我看到有几位同学悄悄地将唾沫抹到脸上冒充泪水。我还看到一片真哭假哭的同学之间，有一位同学，脸上没有一滴泪，嘴巴里没有一点声音，也没有用手掩面。他睁着大眼看着我们，眼睛里流露出惊讶或者是困惑的神情。事后，我向老师报告了这位同学的行为。为此，学校给了这位同学一个警告处分。多年之后，当我因自己的告密向老师忏悔时，老师说，那天来找他说这件事的，有十几个同学。这位同学十几年前就已去世，每当想起他，我就深感歉疚。这件事让我悟到一个道理，那就是：当众人都哭时，应该允许有的人不哭。当哭成为一种表演时，更应该允许有的人不哭。"

莫言讲的第二个故事："三十多年前，我还在部队工作。有一天晚上，我在办公室看书，有一位老长官推门进来，看了一眼我对面的位置，自言自语道：'噢，没有人？'我随即站了起来，高声说：'难道我不是人吗？'那位老长官被我顶得面红耳赤，尴尬而退。为此事，我洋洋得意了许久，以为自己是个英勇的斗士，但事过多年后，我却为此深感内疚。"

故事所讲的,恰恰是"该争取什么"与"该宽恕什么"。

莫言讲的第三个故事所涉及的政治哲学思考最为沉重。"请允许我讲最后一个故事。这是许多年前我爷爷讲给我听过的,有八个外出打工的泥瓦匠,为避一场暴雨,躲进了一座破庙。外边的雷声一阵紧似一阵,一个个的火球,在庙门外滚来滚去。空中似乎还有吱吱的龙叫声。众人都胆战心惊,面如土色。有一个人说:'我们八个人中,必定一个人干过伤天害理的坏事,谁干过坏事,就自己走出庙接受惩罚吧,免得让好人受到牵连。'自然没有人愿意出去。又有人提议道:'既然大家都不想出去,那我们就将自己的草帽往外抛吧,谁的草帽被刮出庙门,就说明谁干了坏事,那就请他出去接受惩罚。'于是大家就将自己的草帽往庙门外抛,七个人的草帽被刮回了庙内,只有一个人的草帽被卷了出去。大家就催这个人出去受罚,他自然不愿出去,众人便将他抬起来扔出了庙门。故事结局我估计大家都猜到了——那个人被扔出庙门,那座破庙轰然倒塌。"

莫言用三则故事,向所有关心国家利益、民主发展、民众素质的国人提出令人值得深思的问题。当然,也包括对政府的善意提醒。

技巧

反讽,就是用极其正面的语言来形容或称呼极其负面的东西。这是很古老的文学技巧,却很有效。

这种修辞手法在文学作品中经常用到。如夏衍《包身工》中的:"有几个'慈祥'的老板到菜场去收集一些菜叶,用盐水一浸,这就是他们难得的佳肴。"在句段话中,"慈祥"并不是真正的慈祥,"慈祥"背后透露出来的是"冷酷","难得的佳肴"却是"猪汤狗食"。鲁迅先生在《藤野先生》中也运用了这种修辞方法:"(清朝留学生)也有解散辫子,盘得平的,除下帽来,油光可鉴,宛如小姑娘的发髻一般,还要将脖子扭几扭,实在标致极了。""标致"本是褒义词,这里却是贬义的,用"标致"构成反讽,表达了作者对留学生的讽刺之情。

演讲中,可以适当使用反讽,也就是可以用极优雅的语言来形容愚蠢的事情,用快乐的语言来描述倒霉的事情,用高尚的语言来表达恶劣的事情,从而达到理想的效果。

但是,我们要小心别反过来运用,即用极负面的语言来形容极其正面的东西,那样会让人觉得我们有"酸葡萄心理",或骄傲自大。

拓展

死　水

闻一多

这是一沟绝望的死水,
清风吹不起半点漪沦。
不如多扔些破铜烂铁,
爽性泼你的剩菜残羹。

也许铜的要绿成翡翠,
铁罐上锈出几瓣桃花;
再让油腻织一层罗绮,
霉菌给他蒸出些云霞。

让死水酵成一沟绿酒,

飘满了珍珠似的白沫；
小珠笑一声变成大珠，
又被偷酒的花蚊咬破。

那么一沟绝望的死水，
也就夸得上几分鲜明。
如果青蛙耐不住寂寞，
又算死水叫出了歌声。

这是一沟绝望的死水，
这里断不是美的所在，
不如让给丑恶来开垦，
看他造出个什么世界。

《死水》作于1926年，是闻一多的杰作。诗人把黑暗腐败的旧中国现实，比喻为"一沟绝望的死水"，表达了对丑恶势力的憎恨和对祖国深沉的挚爱。闻一多在《死水》中学习和借鉴了西方现代诗的反讽方法和"以丑为美"的艺术原则。诗的中间三节，展开丰富的想象，极力把死水内在的丑恶东西，充分地涂饰以美丽的外形，以鲜明的色彩和响亮的声音，反讽死水的肮脏、霉烂、黯淡、沉寂。美与丑的交织反差，造成令人耳目一新的艺术效果。

灵活:你写的糟透了

导言

将计就计,扭转乾坤。在演讲中,只要你能灵活机动地发挥自己的口才,就能顺利地应对喜欢评论和挑剔的听众。

故事

1894年,英国著名剧作家萧伯纳的新作《武器与人》问世了,首次公演获得了巨大的成功。终场时,在雷鸣般的掌声中,萧伯纳应邀上台同观众见面。不料,他刚走上舞台,就有一个人大唱反调,歇斯底里地喊道:"萧伯纳,你的剧本糟透了,谁要看!收回去!停演!"全体观众大为惊讶,也替萧伯纳捏一把汗。这种场面尴尬极了,观众们以为萧伯纳准会气得七窍生烟。可萧伯纳不但没有生气,反而满面笑容地鞠了一躬,温文尔雅、彬彬有礼地对台下说:"是的,我的朋友,你说得好,我完全同意你的意见!但是很遗憾,我们两个人反对这么多观众有什么用呢?我们能禁止这个剧本演出吗?"全场顿时哄笑,紧接着响起雷鸣般的掌声。

技巧

萧伯纳面对他人的嘲讽,稳住心态,随机应变,转变了尴尬的局面。这些都是要告诉我们在演讲中宽容心态的重要性,你宽容的话语会转变气氛,使正常演讲更欢畅,更富有情趣,也彰显了演讲者良好的个人气质。

在演讲中,只要你能灵活机动地发挥自己的口才,就能顺利地应对喜欢评论和挑剔的听众。无论那些挑剔者有何种理由和目的,演讲者必须得体圆融地应付。演讲者必须保持头脑清醒,镇定自若。

要精明地回答难题,首先,仔细听清所提问题。其次,重复或解释一遍问题的具体内容,以免听众没听清。然后将目光从提问者身上移开,这样,就不会成为注意的中心。或者,作为演讲者,你可以将问题抛还给提问者,问问听众中有谁能回答。

如果提问者还坚持要谈论或提问,你可以巧妙而镇定地说:"现在让我们给其他人提问的机会。"或者:"我得在规定的时间内完成演讲,所以,我得将发言继续下去。希望以后能有机会讨论更多的问题。"

面对明显的刁难者,如果你当时坐着,就站起来,以造成一种权威的感觉。然后按你在其他情况下应该做的那样来处理反对意见:表示赞同,或解释一番,巧妙地做出一个模糊的回答然后继续演讲下去。或者你可以来个开放式提问,鼓励听众参与讨论。例如:"你们中还有谁有什么想法吗?"

必须注意的是:只有当大多数听众站在你的一边时,才能鼓励他们参与讨论,否则,会适得其反。

心理咨询大师杨凤池老师在某地做心理咨询方面的演讲。演讲快结束时,有人传上来一张纸条,纸条上第一句话是,请他把这张纸条的全部内容念出来。于是他一句一句地念了出来。纸条大意是:你的演讲很烂,烂透了,你纯粹是在浪费我们的时间,我们一点收获也没有。纸条念完,全场鸦雀无声,大家都怔住了。几秒钟的沉默之后,很多人议论纷纷,为老师抱不平:"谁写的纸条,简直是污蔑!杨老师讲得很好,我们很有收获。"这时后面一个听众站起来,要过话筒,很不好意思地说:"纸条是我写的,我是在做测试,测试杨老师的心理承受力。"杨老师笑着问他:"那么测试结果怎么样呀?"那位听众热情地说:"没想到杨老师真敢把纸条念出来,而且这么淡定,令我非常佩服,100分!"

后　记

　　课程群·新读本系列丛书,是全体"课程群"课题研究人员在三年教学试验的基础上编写的一套校本教材。这教材含课程群外围课程:朗诵技巧、演讲技巧、单词巧记、西方习俗另外还包括师生佳作汇编《青枝绿叶》。教材的编写力求简洁、新颖、实用及与国家指定的相关教材配套,使之成为提升学生语言素养的拓展文本。在市区两级教育专家的指导与建议下,该教材大胆地吸收了师生习作作为教材的指导案例和研习作品。"青枝绿叶"虽然有些稚嫩青涩,但桃李园师生活跃的思维、丰富的心灵和不懈的追求精神可见一斑。

　　丛书编写采取分册方式进行,主编:须立新;总顾问:钱梦龙;英文顾问:吴沪生。《青枝绿叶》由须立新负责"博悟"、"旅行"、"故事"部分编写;戴臻负责"文学"、"绿叶"、"绘本"部分编写;杨月琴负责"英文"部分编写。《朗诵与演讲》由吕卫民执笔编写"朗诵技巧"部分;窦爱军执笔编写"演讲技巧"部分;《单词巧记与西方习俗》由徐伟梁执笔编写"单词巧记";陈庆凤执笔编写"西方习俗"部分。

　　朗诵技巧、单词巧记适用于六年级;西方习俗、演讲技巧适用于七年级;《青枝绿叶》适用于初中各年级。

　　在此,特别感谢对于本套教材提出指导意见的专家学者:朱怡华、李松林、张德海、王洪伟、管文洁、金建良、许建平等。

　　作为试验性校本教材,难免挂一漏万,请诸位读者批评指正,不悋赐教。